U0545154

你所不知道的自戀狂

認識你身邊的極端自戀者，保護自己不再受傷

約瑟夫・布爾戈博士——著
JOSEPH BURGO, PH.D.

蔡文英——譯

The Narcissist You Know

Defending Yourself Against Extreme Narcissists in an All-About-Me Age

謹將此書獻給麥可（Michael）

目次

序言

「自戀」（narcissism）這個詞在近年遭到了濫用，大大降低了它的影響力和重要性。如今在沉迷於自拍、受社交媒體驅策的文化中，自戀多多少少變成了「虛榮」的同義詞。

說某人是「自戀者」（narcissist），成了專家、評論家愛用的一種「外行診斷」（lay diagnosis），他們很喜歡用它來指稱最近捲入醜聞的名人或行為不檢被抓包的政客。大多數人則把自戀當成一種羞辱或貶抑，用來讓自以為重要的人出醜。我們將它用在社會各個階層的男女身上，從在公開場合舉止失當的名演員，到時常把自己的美照放到社群媒體上的朋友們。

時至今日，幾乎人人都是自戀者。

當一個標籤被用在那麼多人身上，它的意義就變得不容易理解，並且過於籠統。形容某人是一個「自戀者」，已經變成一種陳腔濫調，如此稀鬆平常，以至於我們不再思考它的真正含義。

本書的宗旨在於避免「自戀」淪為不太重要的概念，同時也將解釋它的複雜本質。在自戀相關表現的「光譜」（continuum，又譯為連續體）上，一端是健康的自愛，另一端為病態的自戀。在第一章，我們將探索美國精神醫學學會（American Psychiatric Association, APA）所定義的「自戀型人格違常」（Narcissistic Personality Disorder, NPD）的特徵（這個臨床診斷僅適用於一％的總人口），但是本書大部分重點則在於我所指稱的「極端自戀者」（Extreme Narcissist）。

他們居然占了人口的一〇％。

這些人還沒達到自戀型人格違常的「診斷閾值」（diagnostic threshold），而且跟那些有點自我感覺太良好的普通自戀者，也有許多重要的差異性。

極端自戀者不只是愛炫耀又惱人而已，他們還很危險。

自戀在心理學上的意義與診斷

這不是一本談論診斷自戀的書。我認為貼上診斷的標籤並沒有太大的價值，只會將複雜的個人特徵化為刻板的印象。貼上診斷標籤完全無助於我們去了解為何極端自戀者會那樣的表現，以及他們在更具破壞性且經常是蓄意的傷害性行為背後，所隱藏的心靈傷痛。

在接下來的章節中，你將學會從朋友、家人和同事當中，認出極端自戀者，同時逐漸了解是什麼原因在驅使他們。過程中，你也將學會一些應付身邊極端自戀者的有用方法。一旦你能辨認其他人的自戀行為，以及它如何影響你的心理，你將能避免激起極端自戀者做出最有害的表現。而且你可以在不傷及他們脆弱的自我意識，也不會做出進一步激怒他們的反應下，發展出應付生命中那些極端自戀者的有效方法。

我希望你也能在過程中更了解自己，知道你的防衛性反應如何讓你偶爾也變成了自戀者。你將學會辨識並且控制偶爾展現的自戀傾向，尤其是會擾亂個人生活和造成人際關係麻煩的自戀傾向。

關於我不認識的自戀者

我在本書中討論到一些有極端自戀典型特徵的真人實例，部分是眾所周知的名人。每當我提到美國前職業公路自由車賽車手藍斯．阿姆斯壯（Lance Armstrong），或是前紐約州州長艾略特．史必哲（Eliot Spitzer）之類的知名人物，用他們的人生故事來解釋自戀者的心理時，通常會有一、兩位不以為然的讀者來質問，我怎麼能「擅自」診斷一個從未見過面的人。

針對這個疑問，我的答案很簡單：我從未擅自診斷過任何人，更別說是陌生人。我向來不認為診斷標籤有什麼價值。

另一方面，雖然我不會擅自替未曾謀面的人診斷，但是每當我看到自戀行為，即便那個人與我距離遙遠，我也能一眼看穿。在我漫長的職業生涯中，治療過自戀者，閱讀了相關資料，也寫了關於自戀的文章。在那些期間及之後，我也做了多年的個人分析，逐漸接受自己的自戀及背後的原因。感謝我的案主信任我的治療，讓我有機會探索他們自戀的許多表現，讓我了解到自戀是一種對抗痛苦的防衛方式，儘管自戀者的痛苦經常是看不出來的。

對案主的痛苦感同身受，是我的工作的主要核心，也是讓我能全然了解那些迫使他們表現出自戀行為背後原因的唯一方法。在接下來的章節，我將描述許多案主，以及我從他們身上學會的事（當然，他們的個人特徵與生活細節都已經更改，以隱匿其真實身分）。雖然我從未真正見過那些本書將討論到的公眾人物，但也透過仔細閱讀傑出傳記作家華特．艾薩克森（Walter Isaacson）、藍迪．塔拉普雷利（J. Randy Taraborrelli）等人的作品，找出這些公眾人物的痛苦，試著以同理心去理解他們。

過程中，我花了很多時間，試圖去了解一些曾經有強烈攻擊行為的名人。在每一個人身上，我設法找到能清楚看到他們遭受痛苦的那一刻。在描述他們常見的粗暴行為，像是惡意對待親近的人、蓄意的傷害時，我一直試著記住他們痛苦的那一刻。

眾所周知，自戀者欠缺同理心，如果我們光是評判他們，對他們的攻擊性行為大肆冷嘲熱諷，那麼我們的反應其實與他們無異。我邀請你跟我一起努力用同理心去理解，而不是去評判他們。不管他們是否有表現出來，或者心裡明不明白「極端自戀者總是在逃離痛苦」這件事，在你繼續往下閱讀時，都請記住這一點。

就某種程度而言，要對自戀的名人，以及不會威脅到自身安全的陌生人，懷有同理心並不困難，因為你不必跟他們互動，不必忍受他們的敵意和輕蔑，也無須活在因不經意的怠慢而遭到報復的恐懼中。

相較之下，跟你有交情的極端自戀者所帶來的挑戰大得多，縱使你已經盡最大努力保護自己或是對他們的傲慢讓步，你仍有可能遭到攻擊。有些自戀者只顧自己、聽不進他人說的話，但有些自戀者卻具有危險性，不僅會造成你個人、職業和財務上的浩劫，還經常攻擊你的自尊。當他們對你的人生施加的影響力愈大，你的自我觀感也會大幅受到他們的影響。

當你身邊的極端自戀者表現出「你很愚蠢、不如人、很丟臉」的態度時，你可能感到受傷或生氣，而且要你對攻擊自己的人抱持同理心，聽起來像是要你挑戰當超人。你可以努力用理智去理解他們，而不是為了保護自己去反擊，表達你的憤怒。我將讓你看到，在應付極端自戀者這件事上，主要取決於你能熟練地控制好自己對於他們行為的反應，以及他們攻擊你的自尊時，你能控制好自己的防衛性反應。本書的中心主題在於，**想有效應付身邊的自戀者，很多時候意味著你得逐步接受自己的自戀。**

撰寫本書時，我盡量避免使用理論和專業行話，想辦法以跟朋友討論感覺時的日常情感語言來呈現。我引用了幾位寫過自戀主題的重要理論家的參考資料，他們的觀點影響了我。想進一步了解這些理論的讀者，可以在本書最後找到建議閱讀書單。如果你想要綜觀最重要的自戀相關理論，以及理論之間的關聯，我特別推薦安德魯·莫里森（Andrew Morrison）的傑作。

不過，我並不認為，想要了解自戀就得精通錯綜複雜的精神分析理論。實際上，極端自戀者害怕自己是冒牌貨，將會暴露出他們的微不足道、醜陋、有缺陷或毫無價值。因為他們害怕自己事實上是「輸家」，因此不斷努力，好被別人當成「贏家」。極端自戀的核心是：潛在贏家與他們鄙視的輸家之間無可避免的關聯。

我相信人人都能了解這一點。

01

Narcissist

我有許多不同面貌

自戀的光譜

山姆最早的記憶，包含了父母沒完沒了的爭吵——高聲尖叫、碗盤齊飛、涕淚縱橫、互揭瘡疤，時而演變成肢體暴力。他的父親指責母親不貞，母親則抱怨父親不理不睬。在山姆滿六歲後不久，他們離婚了。接下來幾年，山姆很少見到已經再婚、有了第二個家庭的父親。在此同時，母親交了一大堆男朋友，他們進入山姆的人生，隨後又一個個離開。他們大多很難應付山姆輕蔑、敵對的態度，少數幾個人還被山姆激怒，動手打了他。之後，母親從未再婚。

中學時，山姆是一個頗受歡迎、成績優良的學生，但是極度無法忍受別人的批評，時常因為過度挑釁的行為而被叫到校長室。當時，反霸凌運動還不成氣候，但他已經時常因為欺負弱小而被師長訓斥。上高中後，他將無窮的好鬥精力轉向運動，即便他因為不敬、「好搶功」而跟教練起了衝突，最後還是當上美式足球隊的隊長。教練深知這個明星選手需要一位有強而有力的如父親般的角色，來協助他控制暴躁脾氣，但是山姆拒絕他。他不只一次對教練咆哮道：「你不是我爸！」後來山姆拿到史丹佛大學的運動獎學金，畢業後進入埃克森公司就職。

山姆成了前途光明的主管，戰鬥心旺盛，不停地想要功成名就，狂妄且自信，部分同事覺得他魅力十足，有些人覺得他粗暴。他沒有親近的朋友，總是以懷疑的眼光看待他人，而從他憤世嫉俗的觀點來看，所有人都在「不擇手段」。必要時，山姆會假裝服從上司，掩飾自己對於其財富和權力的輕蔑與嫉妒。在職場的爬升過程，他要求自己的部屬必須徹底、不加批評地對他忠誠。如果他們順從，山姆會大方獎勵。要是有團隊成員的表現不符合他的預期，山姆則會斷然拋棄那個人。他身邊逐漸形成一個努力勤奮工作的團隊，男女成員都對他既敬佩又畏懼。

山姆在私生活中同樣爭強好勝，要求忠誠，那些令他失望的人馬上就會被攆走。在歷經一長串一夜情與短暫戀情後，他閃電愛上頂級的伸展臺模特兒米蘭達，欣賞她的理想主義熱情。兩人結婚後，因為山姆的堅持，米蘭達放棄工作。他為兩人打造了一棟美侖美奐的豪宅，刻意蓋得比公司其他主管的家更大。他們開始收集藝術品並且蓋了酒窖。山姆和米蘭達舉辦一場又一場奢華派對和講究的晚宴，身為主人的山姆在席間流露一種霸氣魅力。

隨著米蘭達年歲漸增，山姆對於她的熱情慢慢冷卻。當米蘭達因為懷孕而「身材走樣」後，山姆不僅嘲諷她，還開始跟女下屬搞外遇。山姆和米蘭達育有兩個兒子，山姆對他們的愛雖然真實卻很有限，他將兒子當成自己的倒影，更甚於是真正獨立的個人。身為父親，山姆是完美主義者，要求嚴格，但是他對於孩子們的活動卻不太用心。他常常忘了原先答應孩子會出席的學校戲劇表演和運動會。他讓兩個兒子上最貴的私立學校，卻從未參加過任何一場家長會。

山姆不是反省型的人，但當身邊圍繞著全是靠他吃飯的人，或在公司受到積極想搶他位子的競爭者圍攻時，他偶爾會有陰鬱的時候，感到孤單、被冷落。有時，他感到世界充滿敵意，危機四伏。在那些時刻，他會帶點怒氣地自憐起來。要不是因為他有權有錢，會有人在乎他怎麼了嗎？就連當時深陷酒癮的母親也常跟他「借錢」。

隨著山姆在職場攀上高峰，當他搭乘公司的專機在全球各地奔波時，通常會有一名情婦陪著他，他有好幾名情婦。每當米蘭達或孩子抱怨山姆老是不在家，他會怒罵他們不知感恩，沒感謝他所提供的富裕生活。最後，米蘭達訴請離婚。被激怒的山姆聘請了一名擅長替企業大量裁員的律師，該律師不斷為難米蘭達，最後米蘭達放棄了，只拿少少的贍養費就簽字離婚。山姆還在他們的社交圈散播米蘭達的惡意謠言，毫無根據地說她淫蕩、吸毒。山姆利用他的財富當武器，誘惑他們的孩子離開米蘭達，威脅他們如果不站在他那一邊，就會跟他們斷絕關係。

山姆完全吻合「自戀型人格違常」的模樣。記者、部落客和專業心理學家在評論公領域事件時，很喜歡用這個診斷。但這個標籤有時候用得不太嚴謹，時事評論者只要碰到看起來自大，或是過度想獲得外界關注的人，就會說這些人「自戀」。事實上，美國精神醫學學會將自戀型人格違常編入其「聖經」——《精神疾病診斷準則手冊》（*Diagnostic and Statistical Manual for Mental Disorders, DSM*）中，有明確的標準。

那麼誰符合「官方」認定的自戀者呢？根據《精神疾病診斷準則手冊》，一個人得表現出下列特徵中至少五項才能診斷為自戀者。

- 浮誇的自恃重要感。換言之，誇大自身成就、天賦，欠缺相稱的成就，卻想被認為無比優秀。
- 滿腦子空想要無限的成功、權力、光耀、美貌或理想的愛情。
- 自認特別、無與倫比，只有其他獨特或地位崇高人士（或機構）才了解他（或她），配得上跟他往來。
- 需要別人過度稱讚。
- 特權感：不合理地期待自己應該享有特別的優惠待遇，或是他人理所當然要順他或她的意。

- 人際剝削行為，會利用他人達到自己的目的。
- 缺乏同理心，不願承認或是看出他人的感覺與需求。
- 嫉妒他人，或者認為他人嫉妒他或她。
- 表現傲慢、自大的行為或態度。

依據這個嚴格的定義，山姆明確符合自戀型人格違常的診斷準則。他展現出明顯乏缺同理心；他一心想要功成名就，並且需要他人讚美，不能批評他；他自大、善嫉、浮誇，還會無情地剝削他人。事實上，自戀型人格違常的九個診斷準則，山姆表現超過五個，使得他的診斷結果絕對無誤。

看完山姆的故事後，你可能也會做診斷。山姆的例子不算特別複雜，雖然你不見得直接認識像他那樣的人，卻可能在雄心壯志的政治人物、演員或商場大亨的脫序事件中，看到類似的行為。山姆算是自戀型人格違常的典型例子。

但是，那些在我們身邊的其他自戀者又是如何呢？那些未達自戀型人格違常診斷準則，卻不單只是虛榮或自誇的人又如何呢？

自戀的光譜

自從《精神疾病診斷準則手冊》在一九五二年出版第一版以來，心理學思維和科學都歷經多次革命，該手冊本身也經過多次修訂。早期版本以西格蒙德・佛洛伊德（Sigmund Freud）的理論最為重要。自戀大多被歸因於幼年時與父母相處的經驗，治療方式就是精神分析，有很多種做法。

但是從一九七四年開始，佛洛伊德理論的影響力逐步式微，一種更「科學的」方針開始主導《精神疾病診斷準則手冊》。隨著走向改變，這本美國精神醫學學會的診斷手冊開始採納精神疾病的模式，將心裡疾患視為一種醫療病況（medical condition），患者可經由服用藥物治療，而不是靠談話治療。最新的《精神疾病診斷準則手冊》第五版（DSM 5）試圖透過症狀檢核單和詳細編碼，鑑定抽象的精神病況，替精神疾病下定義，就像對待青光眼或氣喘等身體疾病那樣。

這種轉變有許多正面的效應，也就是將精神問題當成疾病，而不只是心理缺陷的看法，有助於洗刷精神疾病的汙名。但同時，美國精神醫學學會也教我們將許多心理疾患看成是大腦化學物質不平衡，或是基因缺陷所致，並未去探索患者症狀的**意義**或是從個人經歷去找出根源。

患者被告知，你大腦的血清素濃度低是造成憂鬱症的原因。把問題交給藥丸吧。

這個關於精神疾病的普遍觀點，不僅誤導大家，甚至會帶來危險。它只專注在符合臨床定義的極端病例，卻未提供指引，教眾人如何找出那些較輕微，但是常有嚴重失調表現的人，以及如何應付他們。自戀不是一種你可以用藥丸將它打開或關閉的疾病。還記得《精神疾病診斷準則手冊》的九項自戀症狀檢核單嗎？山姆因為符合九項當中的五項，將可能被診斷為自戀型人格違常。如果他只符合四項的話會如何呢？或者如果他的同理能力**非常有限**，而不是完全沒有的話，會如何呢？

有些人距離自戀型人格違常的診斷閾值很遠，有些人只差一點點。許多人比較符合其他疾病的診斷，但是同時看起來又相當自戀。這些人可能對自己和身邊的人來說都很令人困擾且具有破壞力，但由於他們不符合《精神疾病診斷準則手冊》的嚴格準則，可能很難讓他們得到所需的專業協助。

事實上，就像自閉症或雙極性疾患（bipolar disorder，俗稱躁鬱症）等其他為人熟知的身體和精神病況，自戀的嚴重性以不同深淺程度存在於光譜上。若要了解自戀，理解身邊的自戀者，並找到應付他們的方法，我們要跳過自戀型人格違常的嚴格定義。像山姆這種因心理疾病而與眾不同的人，看似跟我們自己的情感經驗不太相干，因此難以理解他們。如前所述，自戀型人格違常者所表現出來的自戀特徵，是精神疾病光譜中最極端的形式，在總人口中算是少數。

簡言之，自戀是一種人類心理的普遍面向，具有不同程度的表現。

儘管美國精神醫學學會為「自戀型人格違常」明定了九項可能的標準，似乎把這些標準當成明確的疾病特徵，就像氣喘常見的徵兆有疲勞和呼吸短促那樣，但事實上，那九項特徵既重疊又相互關聯。從心理學觀點來看，每個症狀都有**意義**，那九項標準可以簡化成兩項：「膨脹的自我重要感」和「對他人缺乏同理心」；其他特徵都是伴隨這兩項自然而來的副產物。

帶著浮誇自我感覺的人，相信自己十分獨特，是優秀精英分子的一員，注定會成就大事。他自覺有權享受特權，表現得自大又傲慢，希望得到他人稱讚。那些缺乏同理心的人，隨時都會為了一己之利而去剝削他人，或者只因其他人擁有他想要的東西而嫉妒對方。

膨脹的自我重要感，**以及對他人缺乏同理心**，這是我將在本書討論的自戀者最核心的兩項心理特質。根據美國精神醫學學會，這兩項為自戀型人格違常下了主要的定義，但是也常見於其他心理疾病。膨脹的自我重要感也是狂躁（mania）和躁鬱症患者在狂躁期的特徵。妄想症（paranoia）和其他不同精神疾患的患者會出現的「關係意念」（Ideas of reference，譯註：將世上發生的不相關事件解讀為跟自己有關），就是建立了圍繞著自我的宇宙；在患者自己的劇本裡，其他人都變成二次元的敵人和不同的角色，也沒有自己真正的內在生命。為狂躁－憂鬱疾病所苦的人，沒什麼餘裕去感受他人的情感。

換言之，許多不完全符合自戀型人格違常診斷準則的人，同樣是自戀者，我稱他們為「極端自戀者」。他們就在我們的身邊，在我們的生活中造成損害，帶來浩劫。我們還沒準備好要應付他們，而在我們認出他們的時候大多已經為時已晚。

例如以下娜歐蜜的例子。

隔壁的自戀者

跟娜歐蜜不太熟的人，經常會用神聖的詞彙來形容她。她不僅是幼稚園的老師，還替乳癌研究機構安排募款宣傳活動，也積極參與教會對外的濟弱扶貧活動。到了聖誕節，她會協調當地的社會服務部，舉辦送禮物活動，確保所有寄養家庭的孩子，都能收到他們願望清單上的所有禮物。每個月，她還會去社區庇護所為受暴婦女設立的熱線擔任志工兩次。

認識娜歐蜜的人常對她說：「這個世界需要多一點像你這樣的人。」

然而，娜歐蜜的三個成年子女對她的觀感卻截然不同。他們時常說：「我媽很難搞。」他們很難在事前預知什麼事會踩到她的地雷，但是有些話題的危險性顯而易見。他們從很早以前就知道，當母親在數落前夫的不是時，不要反駁她。她總是把自己描述為長年怨婦，被跑去找嫩妹的無情色鬼拋棄了。孩子們從不提到他們跟父親之間有聯繫，當娜歐蜜問他們是否有跟父親見面時，他們可以說謊說得斬釘截鐵。有一次，老么梅莉莎出了差錯，拿父親贈送的昂貴生日禮物——手錶出來炫耀。娜歐蜜裝出受到嚴重傷害的樣子，對梅莉莎的態度變得很冷淡，在之後的幾個星期更是對梅莉莎冷嘲熱諷。

娜歐蜜喜愛演出輪流喜歡不同人的遊戲。有時莫莉是乖孩子，妹妹梅莉莎是問題人物；然後，如果有人不經意冒犯到她的自尊，莫莉和梅莉莎的角色就會互換。她們的哥哥喬許是家中最受寵的孩子，也是娜歐蜜的驕傲和喜悅，大多數情況都能豁免受到娜歐蜜的批評。喬許是成功的外科醫師，住在鎮上黃金地段的豪宅。每隔幾年，喬許就會幫娜歐蜜買新車，偶爾還會送她搭郵輪到地中海旅遊。娜歐蜜經常在工作時跟同事誇稱兒子有多麼恭順、慷慨、有愛心、成功又有錢，以及他有多寵老媽！

如果莫莉和梅莉莎一起吃飯，或者他們三兄妹相聚卻沒找娜歐蜜的話，他們知道最好別提起這件事，因為娜歐蜜會覺得自己被排擠並開始吃醋。她常用痛苦的語氣說：「當孩子長大成人後，媽媽就不重要了。」無論如何，當全家人聚在一起時，娜歐蜜總讓自己成為眾人的焦點所在。當梅莉莎或喬許詢問莫莉在當地公共電視臺的工作如何時，娜歐蜜很快就會搬出老掉牙的話：「那讓我想起那時……」或者「說到〇〇，我有沒有跟你們說過……」來改變話題，把焦點再拉到她自己身上。

當兒女的生活不順遂時，娜歐蜜對他們表現得極富同情心。有一次，莫莉住院接受膽囊手術時，不慎感染了葡萄球菌，娜歐蜜天天去探病，並替她夫家的家人準備菜餚，讓「他們不至於餓肚子」。當梅莉莎失業時，娜歐蜜提供金錢援助，還給了許多建議。但是當她的子女走運時，娜歐蜜卻只道了一聲恭喜，接著就陷入沉默。在莫莉為電視臺拍攝的紀錄片得獎那一天，娜歐蜜生了連醫師也無法解釋的神祕疾病，臥病在床。

雖然娜歐蜜表現出膨脹的自我重要感，並且對家人的同理心很有限，但是她不符合自戀型人格違常的診斷準則。她既不浮誇，也不是一心幻想要擁有無限的成功、權力和美貌等等。雖然她會操縱他人的情緒，但不會為了一己之利去剝削他人。她既不傲慢，也不自大。《精神疾病診斷準則手冊》所列的九項診斷準則，她最多只表現出三項或四項。

儘管如此，娜歐蜜無疑是一位極端自戀者。她也許不像山姆那麼明顯地自戀，但是從心理學角度來看，他們兩人有很多共同點。他們對於身邊親近的人而言，都是一股破壞性力量。極端自戀者的膨脹自我重要感，以及沒有同理心，會對周圍的人帶來痛苦與混亂。

你可能沒有直接認識像山姆那樣的人，但是從報紙頭條或新聞中曾聽過他們的名字，像是因性侵被定罪的美國眾議員安東尼．韋納（Anthony Weiner）、因性交易醜聞而辭職下臺的艾略特．史必哲，以及阿諾．史瓦辛格（Arnold Schwarzenegger）之類的人物，這些政治人物、運動員或藝人爆發醜聞後，原先的事業就在大眾眼前戲劇性地崩坍了。極端自戀者通常享有高知名度，因為他們所表現的個人特徵，正好有助於在社會中爬上巔峰。

根據《精神疾病診斷準則手冊》第五版，自戀型人格違常的患者大約占人口一%，每一百人中有一人，以男性居多。他們大多學會了掩飾在社交上令人難以接受的自戀特徵，以控制別人對他們的印象，並能更好地操縱他人。他們可能看起來很有魅力，所以除非你很熟悉他們，否則根本不知道你面對的是一個《精神疾病診斷準則手冊》所描述的可診斷的自戀者（diagnosable narcissist）。

自戀是一種性格特徵，而不是抽象的診斷類別，它不僅出現在其他人格違常類別中，也遍及心理疾病的光譜上，影響高達一〇%的人口且不分男女。我們時常在社會各階層遇到極端自戀者，有可能是你在職場的上司或同事、你的小姑、你剛開始交往的對象，或是社交圈的一員。

許多人的自我感覺非常良好，超過了他們真正應有的樣子。這些人沒有明顯的心理疾病，但其性格和行為讓他們看起來相當自戀。他們太過於自我中心，或者只專注於自己的形象，對他人的感受很不敏感，但是不至於完全沒同理心。自戀者經常會羨慕、嫉妒他人，動不動就抓狂。他們可能在宴席派對上主導對話的進行，或者在大團體裡搶出風頭。他們對於其他人興趣缺缺，即便傷害到他人的感情，通常也不會察覺。這些人不像山姆那麼明顯自戀，甚至不到娜歐蜜的情況，跟自戀型人格違常的診斷準則相差甚遠，但是他們一樣是極端自戀者，至少在某些時候是如此。

極端自戀者就在我們的身邊。他們會傷害我們，造成我們與他人的關係出現麻煩。我們總是因為不了解他們為何會做出破壞性的行為，而無法妥善地應付他們。

在接下來的篇章，你將看到的所有極端自戀者，都試圖讓自我感覺良好，以證明他們很有價值，但是他們的所作所為，往往讓旁人很難同情他們。通常我們無法看出是什麼原因促使他們做出那些行為，尤其看不出來形塑他們人格的無意識羞恥感（unconscious shame）。極端自戀者都在逃避自己，大部分的言行舉止都是想推翻自己的無意識恐懼，也就是：他很渺小、有缺陷，而且毫無價值。

本書出現的人物故事，將清楚顯示自戀有不同程度的表現光譜。符合自戀型人格違常診斷準則的山姆站在光譜的一端。接下來，我也會討論其他類似山姆的男男女女，他們是知名運動員、政治人物和藝人，因為自戀行為而上了新聞頭條；不過，像娜歐蜜的那種極端自戀者才是本書的主要焦點，他們比較接近光譜的中點，尚未達到嚴格的臨床診斷準則。其中大多數是接受我心理治療的案主或是他們認識的人。

在結束這一章之前，我想多介紹一名自戀者，那就是「我本人」。

鏡中的自戀者

這是某天發生在我的鋼琴課上，關於我本人自戀行為的故事。

當時，我跟老師佩芬學了四年的鋼琴。我的長子威廉在那之前跟她學了兩年，所以我們總共認識六、七年了。她對我而言亦師亦友。我們上課時，除了彈琴和教學，也會聊私事。那年，她休完七月和八月的年假後的第一堂課上，我有滿肚子的苦水想告訴她，那個夏天我有多麼難過。

除了一趟趕往芝加哥，參加威廉大學畢業典禮的緊張行程外，我還得應付毫無預期的混亂家族危機。整個夏天的天氣都很糟，加上家裡來了太多客人，雖然我愛他們，也歡迎他們，但精疲力竭的我難以扮演好殷勤的主人角色。我還得擔心威廉在畢業後情緒低落的問題。由於佩芬從威廉十五歲時就認識他，所以我把他畢業的事和我的擔心全都告訴了佩芬。我提到了壞天氣和家裡川流不息的客人，以及家中的緊急狀況，我一直說個不停。我事先沒預想到這種情況，但是我猜自己一直很期待跟佩芬分享經歷，好讓自己減輕壓力。

我們到最後才開始上音樂課，但我彈蕭邦的曲子彈到一半時，突然感到一陣羞愧，我竟然連一句話都沒問佩芬暑假過得如何。我全力專注在自身的擔憂，只顧自己的小宇宙，我的事至關重要，以至於一度忽略了佩芬是一位個別的人，而不僅是友善的傾聽者。此時，我停下彈奏，對著她說：「我太自顧自的，連問都沒問你一聲。」原來她在七月初手腕嚴重受傷，這代表她取消了在歐洲的夏季演奏會，而且她對於將要上醫院看一位外科名醫的事感到焦慮。

我會說出這段有點丟人的故事，重點是在於「有時候我們都是自戀者」。每當我們壓力如山大，情緒不好，或者有所求時，可能暫時無法顧及他人的感受。如果我們一心一意地在追求某個很重要的目標時，可能會失去平常有的同理心。當我們的自尊心遭受打擊時，我們用來撐起自我形象的方法，可能跟接下來描述的極端自戀者所採取的防衛策略，沒有什麼兩樣。

我毫不懷疑，你偶爾也會是自戀者，就跟我一樣。

在接下來的篇章，我將沿著光譜探索自戀的種種形式，從在我的診所接受治療的案主，到更受注目的名人，以及他們表現出來的極端自戀，例如：自由車賽車手藍斯·

阿姆斯壯的霸凌型自戀，或唐納・川普（Donald Trump）的自以為是型自戀。但首先，我們先來看一下「自戀性傷害」（narcissistic injury），這是所有人偶爾都會經歷的自尊受損，也將揭露你可能認識的極端自戀者的內心世界。我相信，了解我們自己的自戀傾向，是探索更病態的自戀的最佳起點。

02
Narcissist

我很容易受傷

自尊與自戀性傷害

極端自戀者通常看起來有很高的自尊，其浮誇的自我形象通常會膨脹自己的資產（或者憑空捏造），否認虧損的真相。事實上，極端自戀者展現的誇大自尊，體現了一種謊言，反映出他們努力想要自欺，同時也在欺人。極端自戀者有時看似對於他人的意見毫不在乎，但實際上他們十分在意別人如何看待他們。

由於人類是社會性動物，我們在社會的脈絡下，以及與他人的關係中，發展出自我感覺（sense of self）和自我價值。我可以依照自己的標準和理想來建立自尊，但是也需要生命中重要的人（伴侶等重要的人、同事、雇主、老師）尊重我。如果他們尊重我，那種經驗有助於支持我的自我價值感。當他們批評我的時候，即使我有相當健全的自我意識，可能還是會傷害到我。身為社會性動物，我自然會渴望得到所屬「群體」中其他成員的認同；得不到他們認同，就會傷害到我，動搖我的自我價值感……至少在短期間內。

用我的專業語言來說，這些對一個人自尊心的打擊，就稱為「自戀性傷害」。心理分析師和心理學家通常在討論精神疾病時提到自戀性傷害，事實上，它是日常生活中一種普遍的面向，每個人經常（程度遠超過你的想像）得面對針對我們自尊的質疑，像是不認同、怠慢和拒絕等。

你的英語教授對於你自認寫得很好的報告，給了C的成績。
別人得到了你認為很適合自己的職位。
第一次約會後（你自己覺得很棒），但對方不回你的電話。

偶爾，我們都會有這類的經驗，就算很短暫，仍然會挑戰你的個人價值感，讓你對自己的觀感產生疑問。

也許我不像我自己想得那麼聰明、有見地。
也許我在工作上不像自己以為得那麼高度熟練。
也許我終究沒那麼吸引人。

你不見得會用一模一樣的方式質疑自己，但一定會有類似的感受。你的臉可能因為懊惱而變得燥熱起來，覺得這個世界頓時變得更灰暗，更不適合人居住。你可能感到受辱或垂頭喪氣、覺得沮喪。偶爾我們都會有這樣的感覺。

自戀性傷害是無法避免的，而不同的人對它的反應各不相同。自尊特別低的人，可能將自己孤立起來，不跟外界聯繫，沒辦法公開露臉。其他人則會想辦法去證明自戀性傷害的源頭是錯誤的，來消除自己的痛苦。

X教授從第一天開始就一直不喜歡我。

我因為資歷過高，才沒得到那份工作。

如今我想一想，那次約會真的沒那麼特別。

從本質上來說，這些防衛策略全都是我們自欺的謊言，目的是用來遮蔽真相，並且撐住我們的自尊。通常它們都是讓打擊變得溫和一點的權宜之計，待痛苦緩解之後，我們還是得面對真相。有些人絲毫無法容忍對其自尊的一點點打擊，永遠都在防衛。我們將會看到，極端自戀者將這些對他們脆弱自我價值感的打擊，當成難以承受的痛苦，以至於時時刻刻都在提防這些情況，甚至未雨綢繆。

但是，所有人都得面對針對自尊的挑戰，這是無可避免。

為了說明自戀性傷害有多麼常見，以及我們對它的反應，我將描述娜塔莉的人生中特別糟糕的一天，她是一位年約二十五歲的年輕女性，在亞特蘭大一家中型法律事務所擔任法務助理。

太不公平了！

娜塔莉醒來以後心情很差，因為她又沒聽到鬧鐘聲，以至於睡過頭，上班要遲到了。她依稀記得自己不只一次按下鬧鐘的按鈕……，她應該要早點上床睡覺才對，而不是連看兩集網飛（Netflix）的《反恐危機》（*Homeland*）影集。她急匆匆地沖了澡，狼吞虎嚥地吃了一根蛋白營養棒，而在離開公寓前，她看到室友賽琳娜留在餐桌上的字條。賽琳娜是電視臺某個晨間節目的助理製作人，通常天還沒亮就去上班了。

字條上寫著：「嘿！娜塔莉，提醒一下，這個星期輪到你打掃浴室喔。」賽琳娜在她的簽名上方畫了一排笑臉，卻讓娜塔莉覺得不爽，她一邊走出門一邊大聲說：「潔癖！」

娜塔莉坐進車子之後，想起晚上將要跟布萊恩約會，臉上不禁浮現笑容。他們剛交往了幾個月，但是娜塔莉覺得他們的關係開始變認真了。布萊恩很有魅力，帶有一種獨特的幽默感，而且在會計師事務所有個很棒的工作。他們有很多相同的興趣。最近她開始想，布萊恩會不會是可以論及婚嫁的對象。

由於娜塔莉太晚出門，碰上州際公路最塞車的時段，比平常更晚才到公司。她總會在當天晚一點下班，以補足遲到的時間（而且她的上司丹和馬修，通常都比她更晚到班），但是她對於自己沒準時上班，仍感到過意不去，儘管她一再下定決心要改進。

櫃檯接待員妮娜笑著說：「四十五分鐘，你肯定創紀錄了！」

娜塔莉感到又急又氣，回嗆道：「七十五號州際公路有事故，那不是我的錯！」即使她知道自己在說謊，還是覺得她的自我防衛很正當。

娜塔莉在電腦前坐了下來，打開月曆時才注意到，今天十一點排定要跟辦公室經理芭芭拉進行年度績效評估，而她完全忘了這回事。她的電子郵件收件匣裡有好多待辦工作，上午一下子就過去了。娜塔莉對於即將到來的績效評估，感到有點緊張，但最主要的是她期待可以加薪。她進公司已經兩年了，至今還沒加過薪。當然，她的工作成果是有一些「差錯」，畢竟沒有人能完美無瑕，但是整體而言，她做得相當不錯，值得加薪。

辦公室經理芭芭拉在十一點準時叫娜塔莉進她的辦公室。她非常守時，這一點幾乎快變成她的缺點了，而且她非常講究細節。她給了娜塔莉一個註冊商標似的大假笑後，開始進行評估。芭芭拉把一張紙拿給坐在桌子對面的娜塔莉，讓她也看到自己的評估結果。

娜塔莉的目光隨著評估表欄位往下看，她在「滿意度」那欄看到一整排數字「三」，而且她有幾個地方「需要改進」：「守時」、「對細節的專注力」。總體上，她的績效被評為「三」，但在「三」的後面有一個小小的負號。娜塔莉感覺到自己的臉和頭皮開始發燙；淚水在眼眶打轉，她努力忍住不要流下眼淚。她一度恐慌到想拔腿跑走。她的眼皮一直下垂，因為她發現要跟芭芭拉四目相望，實在讓人感到痛苦。

芭芭拉說：「單就遲到來說，這不是大問題。如你所知道的，我們辦公室的氣氛輕鬆，而且我們都謝謝你那麼周到，會延後下班，補足遲到的時間。」當娜塔莉抬起頭時，芭芭拉正帶著同情對她微笑。但感覺到芭芭拉想對她仁慈一點，反而讓娜塔莉更難受。

「我們比較擔心的是，你的工作成果中不必要錯誤的次數。丹和馬修覺得你做事情太急了。可能因為你經常遲到，想追上進度。不過，我們都希望從現在開始，你能放慢速度，仔細確認工作。」這時，她突然想起一件事：上週，她在法庭上收到即時通訊訊息，因為她忘了連同大衛控訴案一起附上申請費的發票。她那天上班也遲到，整個早上都精神不濟。

娜塔莉回到自己的座位後，遲遲沒辦法專心。芭芭拉在績效評估時說的話，一直縈繞在娜塔莉的腦海裡，讓她無法專心工作。娜塔莉試著回想自己有沒有跟賽琳娜或布萊恩講到這次的績效評估，也許她不必對他們提到任何關於績效評估的事。下午的時間過得很慢，娜塔莉心想是不是應該開始找新的工作，一個薪水比較高的好工作。法律事務所的氣氛很沉悶，律師很無趣。在法律事務所的工作，並不像她剛開始時想得那麼令人興奮。也許賽琳娜能在電視臺幫她找到新工作。如果周圍都是有創意的人，她的工作表現也許會更好。

快到下班時，娜塔莉決定取消跟布萊恩的約會。由於她的心情很差，可能沒辦法好好跟布萊恩約會。她可能會哭了起來。如果布萊恩問起原因，她一定得跟他說到績效評估的事，她害怕布萊恩會認為她是個「輸家」。現在她一心只想回家，抱著冰淇淋桶，蜷曲在被窩裡，看最新的幾集《反恐危機》。她拿起手機時，才看到布萊恩稍早前曾經來電，就在她跟芭芭拉面談的時候，他在語音信箱留了言。布萊恩的聲音讓娜塔莉的心跳有些加速。

「嘿！娜塔莉，是我，布萊恩。我打來是要說關於今晚的事。聽著，我沒辦法赴約。事實上……天啊，我真的不想用語音信箱做這件事。請你有空時回電給我，我們需要談一談。」

聽到「我們需要談一談」這句可怕的話，讓娜塔莉覺得天快要塌下來了。一整天的痛苦經歷已經擊垮了她。她熱淚盈眶，努力忍住尖叫的衝動。但當櫃檯接待員妮娜走過她身邊時，娜塔莉咆哮道：「男人都是混蛋！太不公平了！」讓妮娜嚇一大跳。

就跟所有人一樣，娜塔莉必須應付自戀性傷害，這是我們人生中無可避免的一部分。這個特別的一天一次又一次挑戰她的自尊，對她來說尤其痛苦，但是她所經歷的自戀性傷害及反應方式，都算很平常。

娜塔莉因為沒能準時起床去上班，一早就覺得自己很糟糕。在某個程度上，她知道自己之所以遲到，是因為做了不好的決定所導致的後果（決定看《反恐危機》，而不是關燈上床睡覺）。室友賽琳娜提醒她忘了打掃浴室，讓她感覺更糟，但是她去挑剔賽琳娜有「潔癖」，轉移對自己的負面感覺。「錯不在我；問題出在賽琳娜是個完美主義者。」在公司，當櫃檯接待員嘲諷娜塔莉遲到時，娜塔莉也採取類似的迴避行動：「錯不在我！」

「推卸責任」是為了逃避自戀性傷害的痛苦時，最常見的策略之一。

期待能夠加薪，並且預期獲得正面評價的娜塔莉，被績效評估的結果擊垮。她的眼眶泛紅；覺得不自在、很丟臉。她成功地擋住稍早之前對於自尊的挑戰，但是這次她逃不了，覺得陷入困境（至少在那一刻）。她知道芭芭拉告訴她的話，都是事實。無論如何，隨著時間過去，她開始復原：她貶低律師事務所，說它沉悶、無聊，說服自己是比較有創意的人，在不一樣的環境將會表現得更好。

抬出優越感，或對自戀性傷害的來源表示輕蔑，是另一種常見的逃避痛苦策略。

儘管想出種種辦法撐住自尊，但是娜塔莉那天受到的打擊太大了。她覺得自己像個「輸家」，將那個想法歸咎於布萊恩（如果他知道她的績效評估結果很差的話，會怎麼看她？）如此痛苦的一天讓娜塔莉難以承受，她想取消約會，躲回家裡的床上自我療傷。當她聽到手機留言，知道布萊恩想要甩了她，更覺得震驚。然而，她幾乎立即用憤怒的感覺擋住那份痛苦，以男女交往時女性受委曲則怒罵「男人都是混蛋」的方式來迴避。

「生氣憤怒」是自戀性傷害第三常見的反應，是使用攻擊來避開痛苦。

我們將在稍後的篇章看到，極端自戀者高度仰賴這三種防衛策略。他們一直需要撐住膨脹的自我形象，就連最輕微的批評也無法忍受，可能對挑剔他們的毛病或拒絕他們的人，發動凶猛的攻擊：

他們會把自己的過錯歸咎於你。

他們會用優越感和輕蔑的態度，對待誹謗他們的人。

即便只是輕微地挑戰他們的自尊，都足以讓他們發火並憤怒回擊。

針對批評做出防衛性反應，是一種極為常見的回應，甚至可說是一種人類共通的反應。戴爾．卡內基（Dale Carnegie）早在一九三六年的經典著作《卡內基說話之道：如何贏取友誼與影響他人》（*How to Win Friends and Influence People*）就提到這一點，他在這本最早的自助書中說：「批評無益，因為它會讓一個人產生防衛心，通常會讓他極力想正當化自己的行為。批評是危險的，因為他會傷及一個人『寶貴的自尊心』，傷害他的重要感，激起仇恨。」[1]

批評可能帶來危險，主要是因為被你批評的對象通常會覺得受到攻擊，無論你的評語遣詞用句多麼謹慎，對方仍會對你以牙還牙。因為你傷害了他「寶貴的自尊心」，他可能覺得你是故意去傷害他，所以會想辦法也傷害你。這種反擊源自於我稱為「錯誤歸因」（falseattribution）原則的一種心理傾向：**我感到痛苦，因此有人必須為造成我的這種感覺而負責。**

這是一種很常見的經驗，最佳例子莫過於當我們極度精疲力竭、情緒低落時，偶爾會亂發脾氣。在那種時候，我們往往覺得周圍的人行為舉止看起來令人火大。他們的所作所為、提出的問題、犯下的「小」錯誤，都說明了我們為何會感到火大。因此，我們對他們大聲說話或發飆，全都是因為他們惱人的行為，他們罪有應得，事實上，我們只是在「不高興」而已。如此易怒是一種不舒服，甚至是痛苦的心態；由於錯誤歸因原則，我們認為是他人造成了我們的痛苦。

娜塔莉在看了賽琳娜禮貌性的提醒字條後，覺得自己很糟糕。在某個程度上，她覺得受到攻擊，好像賽琳娜故意要讓她難過（縱使有那些笑臉圖案！），於是她有了報復心理，罵賽琳娜有「潔癖」。錯誤歸因原則也有助於我們去了解世界裡的極端自戀者。或許你找不出自己到底做了什麼事傷到他們的自尊心，或者他們對於看似跟他們毫不相干的無害評論或行為，做出粗暴的反應，讓你困惑不已；但是在某些看不到的方面，他們覺得自己痛苦地被貶低且受到攻擊。

換言之，極端自戀者覺得，每個自戀性傷害都是激起痛苦感受的一種攻擊，所以他會報復，激烈地對抗造成痛苦的「原因」。

羞愧的力量

「自戀性傷害」這個詞聽起來有一點抽象和專業，距離我們直接的感覺狀態有些遙遠。當我們的自尊受傷時，真正感受到的是什麼樣的情緒呢？當然，自戀性傷害會帶來傷痛，無論對極端自戀者或其他人來說都是如此，但是那種痛苦的確切本質為何？回頭去看娜塔莉的那一天，你會看到在每種情況下，她的痛苦核心都有羞恥感和恥辱。

認清自己需要多睡一會兒是因為前一晚做了壞決定，讓娜塔莉自覺有點丟臉。賽琳娜的字條指出娜塔莉忘了打掃浴室，讓她的羞恥感加深。當公司櫃檯接待員取笑她那天遲到特別久，讓娜塔莉覺得丟臉且受辱。績效評估的結果讓她感到更羞恥，因為她知道芭芭拉說的沒錯，她在工作上的確有倉促行事、犯下粗心錯誤的傾向，而聽到這個事實讓她很難堪。當布萊恩表明打算結束兩人的關係，被布萊恩拋棄讓娜塔莉再受一次羞辱。可怕的這一天讓娜塔莉產生深刻且痛苦的羞恥感，覺得自己彷彿是個「輸家」。

如此說來，為了逃避自戀性傷害造成的痛苦而採取的防衛策略（諸如：責備、藐視和發飆），更準確的說法是用來對抗羞恥感的防衛之舉。努力想逃避羞愧和難堪的感覺，是自戀很關鍵的部分。事實上，如同心理學家安德魯·莫里森所言，羞恥感是「自戀的底面」，是了解自戀的核心所在。[2] 我們在第三章將進一步探討強烈型的羞恥感，它會讓人覺得自己是「徹底的輸家」，以及極端自戀者試圖證明他是贏家的方式。

身為心理治療師，我的工作天天都在接觸用來對抗羞恥感的防衛性反應。有許多案主仰賴所謂的「自戀性防衛」（narcissistic defense），來逃避羞恥感或自卑感。以我的案主傑森來說，他在第一次治療的一開始就抱怨太太黛安娜。傑森先前已經承諾那個星期稍早會打電話給會計師約時間，但他後來忘得一乾二淨。在治療的前一晚，黛安娜抱怨傑森不可靠，他「老是」把答應的事搞砸。之後他們的對話演變成大吵大鬧。

傑森告訴我：「我搞不懂她為何得把那件事看得那麼重要。我一整個星期的工作壓力超大，所以忘了打電話。況且我很討厭她說我『老是』怎樣，說得好像我真的很糟糕似的。我知道自己或許不該這麼做，但是我氣得摔門出去，還罵她是婊子。」

傑森又說了好一陣子關於他太太吹毛求疵、要求完美的天性，以及他們爭執時她常常誹謗他的名聲。

聽著聽著，我突然想起有一種婚姻中的爭吵，事實上是跟其他事有關，是隱藏在場景背後的情緒問題。黛安娜對於傑森忘了跟會計師約時間的反應，以及傑森的防衛性反應，似乎都過於強烈，跟真正的事件本身不成比例。他們異常的互動當然有其背景故事，即傑森沒有信守的其他承諾、黛安娜太過於挑剔，但是那似乎仍無法解釋為何雙方的情緒如此激動。當時，我對傑森足夠了解，說出他的太太也許是抱怨他在其他方面讓她失望。他的防衛性反應，暗示了他不想承認太太也許有權抱怨。

隨著治療持續進行，看起來黛安娜失望的真正焦點很可能在於他們的性生活，或者說缺乏性生活。在那個星期稍早之前，她曾經試圖主動要求做愛，被傑森用疲憊和工作壓力的常見理由又拒絕了一次。當傑森跟我談到，他太太生氣地抱怨他們幾乎沒有性生活時，他的整個態度和聲調都變了。他不再防衛性十足，看似滿是羞愧。我問他，他們夫妻之間欠缺性愛，是否跟他長期沉迷於網路性愛有關；最後他終於坦承先前不願承認的事，即便我是他的心理治療師，他也不說：最近他都在看色情影片，天天都在手淫。他明知道那樣對婚姻不利，應該停止，但是無論他多麼努力克制，總是又陷進去。

傑森不是極端自戀者，但是他靠自戀性防衛來因應自己的羞恥感。就像娜塔莉，對於無法改變自己的行為而準時去上班，感到羞愧；傑森對於自己沉迷於色情影片無法自拔，羞愧到即使在接受心理治療時，也不願提起此事。取而代之，他把焦點放在相較不重要的爭吵上，吵鬧時他變得憤怒（摔門而去），把錯怪到太太頭上（挑剔她太過吹毛求疵）。他甚至以優越感和蔑視來迴避（罵太太是婊子），所有的舉動都是想逃避自己沉迷於色情影片而造成的羞恥感。（我們將在第十章進一步討論羞恥感、成癮和自戀之間的關係。）

跟傑森一樣，極端自戀者想要撐住自我感覺時，往往會傷害到身邊的人。無疑地，黛安娜感到挫折和寂寞，而且當傑森罵她是婊子時，也受到傷害；極端自戀者對身邊的人都會造成類似且更強烈的痛苦，有時他們不僅僅是口頭上傷人，甚至是直接動手傷害對方。也許你曾經在職場、家裡或社交圈，遭受過這樣的行為。或許你發現自己跟莉茲很像，她因為一段變調的友誼，差點丟了工作。

無法在一開始發現的事

當莉茲的愛貓死了，丹妮絲在她的桌上留了一張慰問卡和插了一朵玫瑰花的花瓶，那朵花來自丹妮絲家的花園。丹妮絲才剛進凱雷公司一個月，跟莉茲不算熟。幾個星期後，丹妮絲邀莉茲一起外出吃午餐，她們當時相談甚歡，因為兩人愛聽同類的音樂，喜歡相同的電視節目，都很愛看經典寫實電影。她們都覺得萊恩・葛斯林（Ryan Gosling）是好萊塢最性感的演員。丹妮絲對莉茲說她的服裝品味很棒，而且莉茲說的每個笑話都能讓她發笑，太令人開心了，因為大部分的人都不懂莉茲古怪的幽默感。莉茲覺得，能認識真正「懂」她的新朋友，感覺很好。

她們開始常在辦公室以外的地方相聚，像是下班後一起去喝酒，在週末共進晚餐，自製爆米花並共享電影之夜，觀賞亨佛萊・鮑嘉（Humphrey Bogart）和洛琳・白考兒（Lauren Bacall）主演的經典電影《夜長夢多》（*The Big Sleep*）。她們幾乎每天通電話，互傳大量簡訊，還有一堆電子郵件往返。丹妮絲常對莉茲說她「是一個很棒的人」，能跟她做朋友，自己覺得無比幸運。有時，莉茲會提議找其他同事一起到兩人最愛的酒吧一起喝酒、吃小菜，但丹妮絲總會扮鬼臉並說：「下次吧。」

莉茲邀請丹妮絲在週末晚上跟她的其他朋友到夜店玩。看起來一切都很好，但是兩人在週一共進午餐時，丹妮絲嘲諷凱蒂（「有人應該告訴她，不要穿露肚臍裝，別露出肚子的游泳圈」），還有史黛芬（「那個笑聲！她聽起來像一隻瘋鬣狗。」）莉茲心想，丹妮絲可能是嫉妒她還有其他朋友；等以後大家彼此熟了，丹妮絲更融入之後，應該就沒事了。

當丹妮絲邀莉茲隔天中午一起吃午餐時，莉茲說她已經有其他計畫：一個高中老友剛好進城待幾天，她們好不容易有機會敘舊。之後，莉茲在走廊上巧遇丹妮絲時，丹妮絲表現得疏遠且冷淡。不過，幾天後，丹妮絲又熱絡起來，她們的友情看似恢復正常，兩人在那個週末一起了看萊恩·葛斯林的新電影。

後來，莉茲認識了馬克。她等不及要一五一十地告訴丹妮絲——他們兩人在葡萄酒商店裡如何同時伸手去拿架上的最後一瓶酒，彼此互不相讓，然後打情罵俏地吵起來，互損對方。最後，馬克說，如果她把電話號碼給他的話，就把酒讓給她。

丹妮絲說：「我真的很為你高興！」她的微笑看起來有點勉強；她的聲音因激動而沙啞。「務必要小心。你知道男人都是那樣，很多人都是混蛋，但是一開始的時候你看不出來。」

丹妮絲的反應讓莉茲有點生氣，但是莉茲沒放在心上。幾天後，丹妮絲提議約週六見面，而莉茲告訴她，她跟馬克約好了。丹妮絲聽了馬上眼睛泛淚。「我希望你不是那種見色忘友的人。你是我最好的朋友，你不知道你對我有多麼重要嗎？」莉茲感到愧疚，想安撫丹妮絲，提議她們改約週日。但丹妮絲頓時翻臉，她拭去臉上的淚水，只說：「我很忙。」就憤然離開。

週六晚上，從莉茲和馬克抵達餐廳的那一刻起，丹妮絲就開始傳簡訊問問題。「他穿什麼衣服？他開什麼車？」莉茲回覆了「我晚一點再仔細跟你說」之後，就將手機關機。當晚，莉茲在馬克送她回家後打開手機，發現丹妮絲傳來的一長串語氣愈來愈憤怒的簡訊，說她是多麼糟糕的朋友、罵她是自私的雙面賤人，而且丹妮絲在午夜過後傳來最後一則唐突無禮的訊息：「去你的！」雖然莉茲先前已看到一些警訊，但這麼深刻的敵意讓她目瞪口呆。那位看起來總是支持自己的超好新朋友到底怎麼了？

週一上班時，丹妮絲到莉茲的辦公室去向她道歉，說自己可能喝太多酒了，以至於情緒失控。「我真的很抱歉。我知道我很壞，但是你能原諒我嗎？」但莉茲還因為那些用詞惡毒的簡訊感到難過，覺得難以恢復昔日的友情。她不相信丹妮絲給她的無辜微笑，便說：「我需要休息一下。我們不要那麼常在一起比較好，至少先一陣子。」

但丹妮絲的態度馬上改變了，語氣輕蔑地咆哮道：「好！如果你要這樣玩的話。我早就知道你是個大騙子。」丹妮絲氣沖沖地離開後，莉茲難過得一直發抖。丹妮絲最後那些話聽起來充滿威脅感。結識這位新朋友原本看似幸運，如今卻感覺很危險。

那個星期接下來的日子裡，莉茲都避開丹妮絲，因為她不想再有更難看的衝突。也許她們現在逐漸疏遠，濃烈的友情將淡化成為過去。當馬克來電邀她週六再出去時，莉茲由於對新關係抱持興奮感，不再那麼苦惱了。

但週一上班時，認識莉茲好幾年的一位同事，在洗手間碰到莉茲時便走過來告訴她說，丹妮絲在講她的壞話。丹妮絲說她決定不再跟莉茲當朋友，（根據丹妮絲的說法）因為莉茲有太多次晚上跟她出去時，只要隨便有個男人請她喝一杯，就會拋下丹妮絲離開。另一位同事告訴莉茲，丹妮絲沒有明確那麼說，但是會影射說莉茲是個隨便的酒鬼，每晚都帶不同的男人回家。那一天，莉茲幾乎都在流淚，對丹妮絲感到害怕，沒辦法跟她當面對質。

在此同時，丹妮絲不斷傳辱罵簡訊給莉茲，不同的說法都圍繞著同一個主題：「我是你的好友，但你卻待我如糞土，你這個臭婊子。」她在其中一則更怪異的簡訊中抱怨：「浪費我珍貴的關心和親密關係，在一個沒心肝的窮人身上。」莉茲很確定那是某部老電影的臺詞，但是想不起來是哪一部。

到了週三，部門主管把莉茲叫進辦公室，針對她跟公司的一名客戶交往的傳聞表示關切，因為這嚴重違反了公司的政策，若是屬實的話，她將會遭到開除。毫無疑問，這個謠言也來自丹妮絲。莉茲崩潰地哭了出來，把事情的來龍去脈全告訴主管，並讓主管看丹妮絲傳到她手機裡的一連串辱罵簡訊，同時找來其他曾警告過莉茲，丹妮絲在散布惡意謠言的同事，主管最後相信莉茲所說的話。凱雷公司立即開除了丹妮絲，同時給她一個月的遣散費和一封有力的推薦信。因為上司在目睹丹妮絲的惡毒行徑後，不想與她為敵，以免公司被她控告不當解雇。

但丹妮絲繼續傳送辱罵簡訊過來，讓莉茲最後決定更換手機號碼。她再也沒見過丹妮絲。

雖然丹妮絲的舉止看起來相當令人頭痛，卻不符合自戀型人格違常的樣子。她時而將莉茲美化，時而憎恨莉茲，加上會突然暴怒，害怕被拋棄，以及「情緒不穩定」（affective instability），看起來比較接近「邊緣性人格違常」（Borderline Personality Disorder）。同時，她似乎相當自戀，帶有膨脹的自我形象，而且沒辦法同理他人。雖然丹妮絲不是明顯的自大浮誇，卻需要感覺到自己是最好朋友的宇宙之中心才行。在她和莉茲剛開始發展友誼時，她表現得既敏感又體貼，但那只是為了贏得莉茲的喜愛。當莉茲拒絕她時，丹妮絲便無法同理莉茲的處境了。

雖然丹妮絲的例子看起來很極端，但是有些訪客到我在網站上發布的懷恨型自戀文章下方留言，描述了受到以前的朋友、同事和親戚更嚴重傷害的例子。不只一人提及自己曾經被過去的友人持續破壞名聲或害他丟了工作。一位男性訴說他當律師的自戀弟弟，如何威脅要濫用司法系統，毀掉他的工作，讓他沒錢，只了為騙取他持有的父母的不動產持份。一位女性寫道，一個從前的朋友想在停車場用卡車撞倒她。

最折磨人的描述出自那些跟極端自戀者結婚的人，他們不僅遭受迫害，甚至在離婚後仍常被恐嚇。如同丹妮絲覺得被拒絕是一種自戀性傷害而當場回擊那樣，極端自戀者覺得離婚是難以承受的恥辱，打擊了他（或她）的自我形象，因此經常會不懷好意地搔擾前伴侶。我們會在第九章談到更多這一類懷恨型自戀者的行徑。

這些人不見得符合自戀型人格違常的樣子，看起來更接近邊緣性人格違常，有些人被視為社會病態性格（sociopath）。如同在第一章所說明的，自戀有著不同程度的可能表現，也存於其他人格違常，或是常見於狂躁、妄想症和躁鬱症當中。許多不符合特定精神疾病診斷的人，仍可能在你冒犯到他們的時候，產生類似的報復心，只是可能沒那麼戲劇化。

你的大姑氣沖沖地跟親戚抱怨你有多麼嚴厲、難搞，扭曲你真正的說法，一切只因為你先前質疑她的判斷力。

一個朋友的朋友開始說你的壞話，因為你沒邀請他參加你的派對。

一個同事似乎對你有所不滿，但是你找不出理由。

有時，即使你認為別人誤解你或過度反應時，或許猜得到可能是因為你做了什麼事而引起怨恨。但很多時候，敵意的來源難以察覺。

進一步細看，你將發現這些人的明顯行為，看似體現了我在本章所討論的自戀性防衛。當莉茲開始跟馬克約會之後，丹妮絲感到被排拒，並且責怪莉茲是「拋棄」她的壞朋友。後來，丹妮絲變得態度輕蔑，充滿鄙視，罵莉茲是虛偽的婊子和騙子。她的怒火點燃了報復心，去攻擊並傷害人，隨著她們的友情瓦解，她的所作所為大多有這樣的特徵。就算我們看不出是羞恥感在作祟，也看得出當丹妮絲被莉茲拒絕時，受到很大的自戀性傷害，激起她覺得丟人的自卑感，如同傑森和黛安娜的例子。

因為極端自戀者的羞恥感更加深沉且惱人，他們會想盡辦法避免感覺到它的存在。事實上，他們的一切言行幾乎都是想避免感覺到羞恥感。他們動員來對抗羞恥感的自戀性防衛，是如此極端且無所不在，因而會將對方的人格、人際關係和行為全都扭曲，以製造一種對抗羞恥感威脅的外殼或盔甲。

他們可能看起來很自負或高傲，彷彿在說「沒有羞恥感」這回事。他們很努力地讓自己看起來是贏家，同時證明其他人（很可能是你）是十分丟臉的輸家。他們不會承認自己感覺到的無意識羞恥感，以及對其他高自尊成功人士的嫉妒，反而是說服自己，事實上是別人在嫉妒他。當面臨自戀性傷害時，他們的典型反應是快速、粗暴且無情，以求消滅羞恥感及其外部來源。如同一位訪客在我的網站發表評論所言，極端自戀者在對抗那些傷及自尊的威脅時，他的反射性攻擊近乎卑鄙。他們有時看起來很冷血，幾乎沒人性。

總而言之，極端自戀者的人格和行為，掩蓋了他們難以承受的無意識羞恥感，好讓自己和全世界都看不到。出於這個原因，起初我們可能難以了解他們為何那麼做，只能從一些特定行為或性格特徵來推論。接下來的核對清單，將有助於你找出認識的人有哪些特徵，或許能確定在你生命中特別難纏的人，是不是極端自戀者。

這不同於需要一個人展現至少幾個特徵，才符合診斷準則的《精神疾病診斷準則手冊》，以下的核對清單不需嚴格的條件，也無意做為診斷工具。我的目的是幫助你辨識出身邊的人的自戀特徵，以下列出的所有行為和特徵都是極端自戀的特性。你認識的人符合的項目愈多，代表那個人愈自戀。

我將這些特徵分成五個類組，應該有助於你聚焦在特定關注的領域。如果你在幾組的打勾記號都超過一個的話，你在應付的人可能就是極端自戀者。如果符合大多數類組的許多項目，這個人有可能達到自戀型人格違常的診斷準則。

Ⓐ **同理心與情感**

□ 對於他或她的情感生活感到擔心。
□ 對於你和你的感覺興致缺缺。
□ 批評你的感覺「太多」或者「過度反應」。
□ 生氣或心煩時，常否認有那種感覺。
□ 感到嫉妒，或是想像其他人在嫉妒他或她。
□ 受傷或沮喪時會發動攻擊，突然暴怒。
□ 無法察覺他或她的行為會影響到其他人。

Ⓑ **自我形象和社交比較**

□ 全神貫注於其他人如何看待他或她。
□ 自大、愛虛榮、高傲；誇大成就。
□ 明顯過度需要關注和稱讚。
□ 超級爭強好勝、野心勃勃。

□動不動覺得被藐視；容易將別人沒惡意的話誤解成貶低的話。
□在背後說瞧不起對方的話。
□奚落你，讓你感到難過。

Ⓒ衝動

□缺乏自制力；入不敷出。
□飲食過度，或濫用藥物。
□快成了工作狂。
□提出崇高的計畫，但是無法堅持到底。
□很容易談美化的戀愛，也很容易結束。
□未經深謀遠慮就做出人生重要的決定。
□對婚姻或是做過承諾的關係不忠。

Ⓓ人際關係

- □只顧自己，控制並利用他人。
- □有魅力並且操弄他人。
- □傾向過於善妒他人和過強的占有欲。
- □與人交談時主導話題，經常打斷他人
- □對他人的動機抱持懷疑態度，常想像最糟的情況。
- □要求他人不加批評地擁戴他。
- □霸凌他人，以求如願。

Ⓔ道德準則與個人責任

- □為了個人利益而撒謊或扭曲事實。
- □犯錯卻怪罪他人或替自己找藉口。
- □扮演受害者；利用內疚來操縱你。
- □從事非法或不道德的行為。

□覺得自己有特權得到想要的一切。
□與人爭執時，讓人覺得自以為是，並且刀槍不入。
□當你不同意他時，激起你的自我懷疑；讓你感到丟臉或羞辱你。

如果我們根據這份核對清單來評估丹妮絲，或是第一章提到的娜歐蜜，可能會在A、B、D和E的幾項陳述打勾。她們都是不完全符合自戀型人格違常診斷準則的極端自戀者。不像山姆，在全部五組裡的好幾個項目都打勾。因為自戀有不同的程度，大多數人至少都符合其中幾項陳述。

全都只是程度的問題而已。

03

Narcissist

我是贏家，你是輸家

■ 霸凌型自戀者

- □ 自戀型父母
- □ 挑逗型自戀者
- □ 浮誇型自戀者
- □ 萬事通型自戀者
- □ 自以為是型自戀者
- □ 懷恨型自戀者
- □ 成癮型自戀者

不令人意外的是，許多極端自戀者在生活的每個領域，都非常爭強好勝，無論在運動競技、商場或是居住的社會環境。他們需要在運動時獲勝，摧毀那個領域的競爭者，或者感覺自己比較有錢、更受歡迎、長得更好看，或是比其他人受到更多讚美，也就是要成為他們世界裡的「贏家」。無論哪個領域，在競爭中獲得的勝利，都能支撐住他們膨脹的自我感覺，證明自己是比被打敗的輸家更優秀的贏家。他們需要一而再、再而三地證明這一點。

對於極端自戀者而言，只有兩種等級的人：在頂端的人和頂端下面的人。他們一貫地「把世界分成兩邊，一邊是有名、有錢和偉大的人，另一邊是討人厭、沒用的『平庸之輩』」。他們擔心自己不屬於前面那個族群，「反而屬於『平庸』那一群。那對他們而言意味著沒用、討人厭，而不是一般人認為的平庸等於中等。」[1]將世界分為兩種等級的人——**贏家**和**輸家**，為自戀者的世界觀下了定義，因此，這些用詞將會不斷出現在我們的討論中。

如同喜劇演員可能靠著旁邊的嚴肅者，讓自己看起來很有趣，極端自戀者則利用輸家來襯托自己的贏家形象。透過他的自大和傲慢態度：「我比你更厲害」，強迫他人扮演遜色的配角。雖然不見得很明顯，但極端自戀者很需要那樣的旁人。談到競爭時，一定要有人輸，好讓他成為贏家。簡言之，極端自戀者以犧牲他人為代價，來提升自我形象。

許多極端自戀者也是霸凌者，他們在社交領域爭強鬥勝，讓他們的受害者覺得自己有如社交輸家。這種行為通常在中學時期特別明顯，當學童從相對安全的住家附近小學，進入更大的世界時，幾乎人人都會對自己的社會地位有不安全感。霸凌者尋找他們贏得過的輸家，透過對身體和情緒的恫嚇，犧牲他人來提升自己的地位。

我不是輸家，你才是

當然，霸凌者一直都存在，但是隨著網路的出現和社交媒體平臺的爆炸性發展，讓霸凌者有了新競技場可以行動。近年來，網路霸凌現象屢屢登上頭條新聞，例如，二〇一三年九月九日，美國全國性報紙和電視新聞節目，都報導十二歲女孩蕾貝卡．塞德威克（Rebecca Sedwick），從佛羅里達州一處廢棄水泥廠的塔樓跳下自殺的消息。蕾貝卡在死前幾個月，持續受到據稱由瓜達露普．蕭（Guadalupe Shaw）帶頭的網路霸凌，十四歲的瓜達露普利用自己的高人氣，動員一群女孩去攻擊蕾貝卡，還迫害其他跟蕾貝卡做朋友的中學生。瓜達露普利用簡訊、臉書及各種各樣的社交媒體，對蕾貝卡說她長得很醜、應該「去喝漂白劑死掉」，叫她快去自殺。

據稱，瓜達露普還叫另一個女孩凱特琳．羅曼（Katelyn Roman）去痛毆蕾貝卡。凱特琳曾經是蕾貝卡最好的朋友，後來為了曾霸凌蕾貝卡而道歉。相較之下，瓜達露普毫無悔意。根據佛州當地警長表示，瓜達露普被逮捕時，看起來冷酷、毫無感情。她在臉書上承認霸凌過蕾貝卡，還聲稱她「一點也不在乎」她的受害者死了。瓜達露普的父母表示，他們的女兒沒發表過那樣的說法，宣稱她的臉書遭到駭客入侵。

沒多久，這個不幸的故事出現奇怪的轉折。臉書上一段影片顯示瓜達露普的繼母薇薇安．渥斯柏格（Vivian Vosburg）不斷用拳頭毆打一名男孩，同屋子的幾個女孩在一旁笑著，她因而被控兩項虐待兒童和四項忽略兒童的罪名。當地警長在記者會上播放該影片的部分片段，他說，影片顯示那樣的暴力在那個家，看起來是「一種正常的生活方式」。

薇薇安並未嫁給瓜達露普的父親荷西．拉米瑞茲（Jose Ramirez）。她帶著四個孩子，與有三個孩子的荷西同居一陣子了，孩子的年齡介於九歲到十四歲之間。家庭成員有好幾個不同姓氏（意味有幾段失敗的感情或婚姻），加上家庭暴力史，描繪出來的世界離「正常的家庭生活」很遠，因此，瓜達露普表現出殘忍、麻木不仁的行為，也不令人意外了。當你探討霸凌型自戀者的背景時，經常會發現類似的家庭破碎、情緒混亂和兒童虐待的經歷。

根據自我心理學（ego psychology），受到這種虐待的孩童，為了逃離痛苦和無助感，經常訴諸於「認同攻擊者」。[2] 換句話說，他們利用造成別人的痛苦，來取代自己感到痛苦，也就是「我不是受害者，你才是」的態度。我們可能會說，這樣的孩童將痛苦轉嫁（或投射）給他人，以擺脫它，讓自己覺得「感到恐懼、無助和痛苦的人不是我，是你」。

我不是在暗示「所有的極端自戀者都曾經在孩童時期受過虐待」，雖然當中許多人來自混亂、失能的家庭，遭受身體和情緒暴力是家常便飯。這種早年的經驗具有關鍵且普遍的影響，因為我們要建立健康的自尊，就需要有具備同理心且通情達理的父母，而那些出生在混亂家庭的孩子，可能永遠都覺得自己很糟糕。基本上，他們會覺得自己是「瑕疵品」，終其一生都在逃避這個痛苦的自我感覺。這股動力（dynamic）位於自戀的核心。

極端自戀者的性格和行為，體現了一股想逃離缺陷和自卑感的持續努力。儘管看

起來不像，但自戀是健康自尊的相反。

將不想要或難以承受的經驗投射到承載者（carrier）身上，清楚說明了自戀者和受害者之間的關係。霸凌者將「自己是瑕疵品」的痛苦自我感覺轉嫁，強迫受害者代替他感受這種感覺：「我不是輸家，你才是。」投射跟所有的心理防衛機制一樣，都是在無意識下發生，察覺不到，也就是說，霸凌者不是在知情之下故意轉嫁他們痛苦的自我感覺，但他們的行為透露出這種無意識的過程在運作。霸凌者藉由迫害他人，讓對方自覺是輸家，來擺脫他自己的輸家自我，並說服自己「我才是真正的贏家」。

因為受害者成了承載者，他們的情緒經驗有助於我們了解霸凌型自戀者事實上（也就是無意識地）如何看待自己。霸凌者很少會去尋求心理治療，除非是在法律上被強制才會那麼做，不過，多年來我治療過幾位年輕時受過霸凌的案主。其中一人，萊恩，一輩子都帶著傷痕。中學時期，他被一群孩子欺負，尤其是同一個足球隊的丹尼。萊恩和丹尼之間的關係演變，顯示出霸凌者如何「強迫」受害者去承擔他所投射的羞恥感。

破損的「正常設計藍圖」

萊恩的父親在石油天然氣產業工作，在亞洲住了許多年。當他回到美國，在家鄉科羅拉多州展開新的工作時，還帶著一個臺灣老婆和他們的新生兒萊恩。父親的新東家位於小城市，居民大多是白種人，有一些西班牙裔和非常少數的亞洲裔。當地的經濟主要依靠一些軍事設施和一個保守派宗教基金會的全國總部。幾年內，他們的另一個兒子也出生了，也就是萊恩的弟弟杭特。

當萊恩在二十五年後開始接受心理治療時，形容他的童年很平凡，沒什麼嚴重的家庭創傷。他的父親是一個膽小、閒散的人，被母親管得死死的，她很強勢，明顯視丈夫是一個窩囊廢，毫不掩飾地瞧不起他。母親異常有野心，到美國沒多久就創立資產管理公司，並經營為一家成功的企業。她還跟兩個仍住在臺灣的姊妹一起做進出口生意。她十分專注於事業，對兩個兒子不太有感情，但實際上仍然指揮並控制他們生活的一切。

萊恩上小學時，就覺得自己與其他同學不太一樣，不僅是他的外表，像是膚色像母親和一雙杏眼。害羞、說話溫和且朋友很少的萊恩，覺得自己欠缺某些必要的特質，也就是他在許多男孩身上看到的自信和活力。他的母親幫他報名足球隊，儘管萊恩不喜歡這項運動，母親仍堅持他要年復一年地持續踢下去。輪到他的母親為球隊出賽準備點心時，萊恩總會因為她帶去的臺灣食物——鳳梨酥和刈包，感到尷尬，因為其他美國媽媽準備的都是袋裝零食。

萊恩十二歲就讀中學時，弟弟杭特被正式診斷為亞斯伯格症（Asperger's syndrome），從此開始被人嘲笑。杭特老是看起來很古怪，用奇怪拘謹的方式說話，拒絕使用縮寫的字，走路的樣子很奇特，總是墊著腳尖且前傾。中學裡有些男生會嘲笑萊恩，說他弟弟是「怪胎」。或者他們會在萊恩面前，模仿杭特說話的樣子，故意說 will not，而不說 won't，或是說 cannot 取代 can't。後來，他們主要取笑萊恩的眼睛形狀，就連跟萊恩在同一個球隊踢足球多年的男生也開始嘲笑他。球隊隊長丹尼成為帶頭霸凌者，不停地為難萊恩。

丹尼在進入青春期之前，長得瘦小且身體不協調。他的父母更在他兩歲時就離婚了，他們公開吵個不停，還鬧上法院。萊恩想起有一場足球賽，丹尼的父母都出現了（他們通常輪流到場），在場邊對著彼此大吼大叫，讓丹尼十分丟臉。起初，萊恩覺得自己跟丹尼有一種隱約的親近感，因為他們兩個人都看起來都像局外人，有別於其他「正常的」孩子。但上中學之後，一切都變了。

在升上七年級之前的那個暑假，丹尼長高了好幾公分，也長了肌肉。他的外表大為改觀。中學是社會地位重新大洗牌的時候，而丹尼變成「很酷」的學生之一，在男生和女生之間都非常吃得開。丹尼在走廊上碰到萊恩時，會嘲笑他是「東方佬」，其他同學也跟著叫。丹尼跟朋友說，他覺得萊恩一定是同性戀，謠言很快就傳開來。男生走過萊恩身邊時，會將他推到衣物櫃裡。在餐廳，鄰桌一群又一群的女生對著萊恩指指點點，偷偷竊笑。練習足球時，隊友會故意絆倒萊恩，笑看他跌倒在地。

萊恩不顧母親的反對，不再去踢足球。當他終於把遭到霸凌的事告訴母親時，她只是聳聳肩，叫他要強悍一點。萊恩覺得母親瞧不起他，認為他跟父親一樣軟弱。萊恩清楚知道，不用向父親求救，父親似乎跟其他家人愈離愈遠。接下來兩年，隨著霸凌情況持續不斷，萊恩的羞恥感和屈辱感變得很嚴重，還考慮過要自殺。他希望自己變成隱形人；大多數時候，他都避免跟其他同學有所牽連。

到了高中，社會情境又有所改變，萊恩突然發現自己不再是霸凌的對象，然而之前留下來的羞恥感和屈辱感，從青少年到成年時期始終縈繞在他的心頭。萊恩在二十五歲以後，因為強烈的自我厭惡感讓他痛苦到幾乎快要癱瘓了，終於去尋求專業協助。就在他來找我進行心理治療的前不久，他在一家行銷公司找到新工作，在工作團隊裡出風頭的男同事都很外向、愛嬉鬧且很有自信，他稱他們是「成長過頭的兄弟會」，上班時一整天都在互相嘲諷、開玩笑。萊恩覺得自己應該多向他們看齊，瞧不起自己的懦弱。每當有同事取笑他怎麼那麼安靜，總會掀起他在中學時的創傷，讓他覺得很丟臉又討厭自己。

通常，年輕的霸凌型自戀者不會挑上有高度自尊的受害者。他會鎖定萊恩這種沒有安全感且覺得不自在，早已擔心自己是輸家的人。霸凌型自戀者與受害者在無意識的層面有共鳴，都為了同樣的情緒問題所苦。在上中學以前，萊恩覺得他跟丹尼有共通點，都異於其他「正常的」孩子而成了局外人。

那位自殺的佛州女孩蕾貝卡．塞德威克成長於不穩定的環境，跟瓜達露普．蕭的成長環境沒有太大的不同。蕾貝卡沒有自己的床鋪，睡在她家公寓客廳的活動躺椅上，衣服都放在購物紙袋裡。她的母親泰瑞莎．諾曼（Teresa Norman）有好幾個化名，常常因為開空頭支票而觸犯法律，而她的父親沒參與家庭生活。

由於霸凌型自戀者無意識地想把他的缺陷感和自卑感，轉嫁給承載者，因此會挑選已有準備的人去承接那些感受，是很合理的。他不是找地位高的同儕，而是家庭背景有問題，已經受到低自尊所苦的人。雖然萊恩來自一個完整的家庭，但他的父親內向、消極，強勢的母親喜愛控制他人、瞧不起人、沒什麼感情，他的弟弟又患有亞斯伯格症。如果霸凌者常出自有問題的家庭，他們的受害者也一樣。

根據英國心理分析師溫尼考特（D. W. Winnicott）的說法，人類誕生到這個世界時帶著天生的「正常設計藍圖」（blueprint for normality），它是一套對於照顧者如何回應我們身體與心理需求的內建期望。[3]為了幫助我們成長並喜歡自己，父母不需要是完美的人，用溫尼考特的話來說，只要「夠好」就行了。他們要能理解我們的需求，能夠密切同理我們的情感經驗。透過父母的稱讚與關注，我們感到被理解、受稱讚並且得到關愛，因而為我們健康的自尊打好基礎。

當環境明顯偏離正常設計藍圖，當父母置孩子於不顧，而且／或是沒有同理心，成長中的孩子就會感覺到他的世界有事情很不對勁。憑藉深層的直覺，他知道自己的發展已經扭曲了，造成她可能覺得自己有殘缺或者很醜陋，不如他人。我將這種苦於內在缺陷感或醜陋感的煎熬稱為「核心羞恥感」（core shame），因為它會折磨一個人的核心，影響到他所有的性格、行為和世界觀。

我用「羞恥感」來形容這種痛苦的狀態，也許不太常見。因為在約翰·布雷蕭（John Bradshaw）等受歡迎心理學作家的作品中，大多將羞恥感視為：成長中的孩子遭受父母或是其他重要的人說出傷害性話語的結果，是外在世界強加上去的。[4]然而，核心羞恥感在孩子出生後幾個月，還未發展語言之前就扎根了；它起源於母親和孩子之間失敗的依戀關係，並且在像瓜達露普·蕭經歷的那種受暴力或創傷玷汙的混亂氛圍中茁壯。

這種羞恥感是一種深刻且通常是無意識的缺陷感或內在醜陋感。苦於核心羞恥感的孩童，經常覺得自己是「瑕疵品」或輸家。這種經驗是如此痛苦且難以承受，因此他們仰賴各種心理防衛機制來否認或擺脫這個痛苦。如前所述，他們常將羞恥感轉嫁（或投射）給其他人，讓其他人代為感受。

我說的不是指有意識的決定去轉嫁羞恥感，而且，事實上，一個人不可能透過將不想要的感覺放到別人頭上，就擺脫它。心理防衛主要是我們告訴自己的一種用以逃避痛苦的無意識「謊言」，不受現實規則束縛的幻想。在無意識層面，我可能騙自己，進而相信「羞恥感不是自己的，而是你的」。結果，我可能有意識地確信，你就是那個有缺陷、醜陋、丟臉到家的輸家，而不是我。我可能採取侵犯的行動來證明此事。尤其是，我會有迫切感得去撐住贏家的形象，並超越被我打敗的丟臉至極的輸家。

以追求「贏家」的形象來做為對抗核心羞恥感的防衛手段，源自生命最初那幾年，而且就位於極端自戀的中心。

藍斯．阿姆斯壯的傳奇故事，包括不計代價地持續追求勝利，打造英雄形象，並且殘忍地霸凌那些詆毀他的人，為這股動力提供了一個戲劇化而廣為人知的實例。

我們雖然無法進入阿姆斯壯的內心世界，但是已經曝光的諸多事件說明了一切。就跟瓜達露普．蕭一樣，他是戲劇性地偏離了溫尼考特所稱的「正常設計藍圖」那個世界的產物。

不計代價地求勝

藍斯．阿姆斯壯的母親琳達（Linda）在達拉斯長大，先後住過一些「聞起來像貓砂箱」、「留有前租客怒氣和破產」臭味的劣質廉價套房。[5] 琳達的酒鬼父親對母親施暴後，拋棄了母親……但是多年後再度出現在她母親家門口，留下來過夜，離開時，在她母親身上留下幾處新傷痕，好讓她記住他。阿姆斯壯的傳奇故事從一個破碎的婚姻和情感暴力的世界拉開序幕。

琳達就讀中學時，就跟男友艾德華・岡德森（Edward Gunderson，暱稱艾迪）懷了孩子。艾迪勉強同意娶琳達，但是在孩子出生前，就很明顯地「因為即將為人父的壓力而焦躁不安」。每當琳達嘮叨他花錢，或是求他不要再跟哥兒們出去喝酒，他就抓著琳達去撞牆，在她的手臂和頸部留下瘀傷。

他們的兒子藍斯・艾德華・岡德森（Lance Edward Gunderson）在一九七一年九月十八日出生，當時琳達十七歲。這對還沒準備好的新手父母持續爭吵。不到幾個月，琳達就搬到她父親的公寓，跟小嬰兒一起睡在沙發上。幾個月後，艾迪跟蹤琳達到她上班的地方，騷擾她，堅持要她和孩子搬回去住。當琳達拒絕後，艾迪便把砂糖倒進她車子的油箱，拿刀割開車子的輪胎。經過警方和法院體系調停，打了兩年官司後，琳達終於成功將艾迪趕出她的生活。艾迪從此不曾再見過他的孩子。

在離婚判決後大約過了一年，琳達與從事旅遊業務的泰瑞・基斯・阿姆斯壯（Terry Keith Armstrong）再婚。儘管藍斯改為繼父的姓氏，但是他們兩人沒有感情。根據琳達的說法，因為泰瑞週一到週五都在各地奔波，她和藍斯幾乎都是獨自生活，到了週末，泰瑞經常「教訓」藍斯。超級好勝的泰瑞關心藍斯從事的少年鐵人三項競賽，但是每當藍斯哭泣的時候，泰瑞總是嘲笑他，將嚴格而傳統的男子氣概觀念強加在藍斯身上。[6] 隨著藍斯逐漸長大，他跟繼父之間的衝突日益嚴重，終究出現了肢體衝突。當琳達和泰瑞結束十年婚姻時，十幾歲的藍斯開了慶祝派對。

瓜達露普・蕭、蕾貝卡・塞德威克和藍斯・阿姆斯壯的家庭背景有些共同點：數段失敗的婚姻、極度貧困、身體與情緒暴力的氛圍。這三個孩子的童年已經戲劇性地偏離了溫尼考特所稱的「正常設計藍圖」，「核心羞恥感」就在這些情況下扎了根。看來，瓜達露普・蕭處理羞愧感的方式，是將它加諸在受害者身上，透過羞辱及迫害輸家蕾貝卡・塞德威克，來提升自己的贏家地位。

藍斯・阿姆斯壯殘酷地霸凌那些質疑他英勇自我形象的人，這行為也指向類似的一股動力。儘管阿姆斯壯的第一本書《重返艷陽天》（*It's NotAbout the Bike*）中有不少謊言和扭曲的事實，但清楚顯示了驅使他成為贏家的起源。[7] 他提到：「我從一無所有開始。我母親在德州布蘭諾（Plano）當祕書，但我憑藉著自行車，成了頂尖人物。當其他孩子在鄉村俱樂部游泳時，我放學後騎車騎好幾哩路，因為它是我的選擇。」

阿姆斯壯誇大了他從貧窮變富裕這個面向的故事，以贏得我們的讚美，但是這個過程仍然透露了某些重要的訊息。在競賽中獲勝，證明阿姆斯壯是贏家，而非輸家，提供他一個逃離難以承受之事的方法。循著這個思路，你將看到它是跟「感覺自己彷彿一文不值」有關，而不是「一無所有」。阿姆斯壯可能感覺自己像是輸家，比不上鄉村俱樂部那些家庭生活穩定、完整的孩子，但是他騎上車之後就成了贏家。

根據藍斯·阿姆斯壯的兩本傳記，他幾乎將人生每個方面都當成「能證明自己是贏家」的競賽。他形容的世界中充滿了一個個被他打敗的敵人，邀請我們去讚賞他的戰鬥魂。當他在一九九六年被診斷得了癌症時，也把癌症視為敵人。「我不是認命的癌症病人。我很憤怒、好鬥且難纏。我把疾病擬人化。我叫它『壞蛋』，我把它看成我的敵人，我的挑戰。」

受到癌症折磨的人，普遍都會下定決心要「打敗」癌症，但是阿姆斯壯將抗癌戰提升到新的競爭等級；最終他會成為贏家，癌症成了輸家。

成功抗癌，以及接下來在環法自由車賽奪得冠軍，讓阿姆斯壯變成數百萬人心中的英雄，在各方面都是全能贏家，是受人尊敬的榜樣。有許多年，阿姆斯壯一再否認他使用非法的體能增強藥物來贏得那些金牌。這樣一位世界級贏家，被賦與明顯非凡力量與剛毅的英雄運動員，不需要作弊。

當記者大衛．華許（David Walsh）開始質疑阿姆斯壯的神話，追查那些知道他禁藥計畫的證人時，阿姆斯壯幫他取了「小巨人」的綽號，指控華許出於「宿怨」才要打擊他。雖然美國的誹謗法保護了華許，但阿姆斯壯以詆毀人格為由，將他告上英國和其他國家的法院，後來與華許任職的英國《週日泰晤士報》（*the Sunday Times*）談成一大筆庭外和解金，加上登報道歉。阿姆斯壯運用財富、高人氣及媒體門路來霸凌華許，要他閉嘴。

阿姆斯壯還控告華許的主要消息來源之一：艾瑪．奧萊利（Emma O'Reilly），她曾是阿姆斯壯團隊的運動按摩師，近距離地知道他使用禁藥。阿姆斯壯透過電視和發給媒體的公開聲明，攻擊奧萊利的名聲，說她酒精中毒、賣淫。當前隊友的妻子貝西．安德烈（Betsy Andreu）也跟大衛．華許合作，阿姆斯壯同樣再度利用自己的公眾聲望進行反擊，指稱她是騙子、發瘋的賤女人。沒有其他字眼比「霸凌」更適合形容這種行為了。阿姆斯壯利用高人氣和高聲望，將這兩名女性描繪成輸家。

當「美國反禁藥組織」（United States Anti-Doping Agency）對阿姆斯壯提出告訴，他也說那是「宿怨」，在媒體上發動自己的報復戰，指稱禁藥組織沒信用，對他做出不實指控。當前友人及隊友葛瑞格・拉蒙德（Greg LeMond）、佛洛伊德・蘭迪斯（Floyd Landis）和法蘭基・安德烈（Frankie Andreu），公開指控阿姆斯壯使用非法的體能增強藥物（PEDs）時，他雇用律師展開法律戰，去霸凌、強迫封口並擊敗他們。在亞斯本（Aspen）一家餐廳巧遇前隊友泰勒・漢米爾頓（Tyler Hamilton）時，阿姆斯壯大為光火，據說他揚言要讓在美國反禁藥組織官司作證不利於他的漢米爾頓，活在「他媽的地獄中」。

無論對手是誰，藍斯・阿姆斯壯都會真的開戰，以保護自己的贏家形象。他為了取得勝利而造假的事實無關緊要；只要大眾視他為勝利者，真相為何並不重要。在阿姆斯壯漫長的傳奇故事裡有幾個奇怪的時刻，其中之一，根據我們事後得知，他在贏得第七次環法自由車冠軍的公開聲明說：「對於那些不相信自由車的憤世嫉俗者和懷疑論者，我為你們感到遺憾，遺憾你們不能懷抱遠大夢想。而且我很遺憾你們不相信奇蹟。」他聽起來說服力十足，因勝利而洋洋得意，瞧不起那些說他壞話的人，因為他們都是沒有遠大夢想的輸家。

當然，奪得七次冠軍事實上並非奇蹟，而是對於使用化學藥物增強體能的義大利醫師米歇爾・法拉利（Michele Ferrari）的讚美，他是阿姆斯壯禁藥計畫的幕後策畫人。

對阿姆斯壯而言，在比賽中失利，被大眾視為輸家，意味著最糟的可能命運。他十分瞧不起輸家，所以竭盡全力地說謊、作弊，一路爬升到贏家的領獎臺，確保他不會被看成輸家的一分子。憑藉在媒體和法院的門路，阿姆斯壯霸凌了所有懷疑他贏家地位的人，在大眾眼前將他們描繪成輸家。

◆◆◆

若要了解是什麼原因驅使霸凌型自戀者如此惡毒地攻擊他的受害者，請回想一下關於自戀性傷害的討論，以及它帶給我們的真正感受。如同戴爾．卡內基預言的，第二章出現的娜塔莉將正當的批評想成是對個人的攻擊；她透過轉嫁責任、變得高傲、態度輕蔑，或覺得憤怒無比，來保衛自己以對抗她所認為的攻擊。阿姆斯壯的行為與公開宣言，反映出相同的自戀性策略。

他把責任轉嫁給他人。他沒做錯任何事；他是大衛．華許那種想摧毀他聲譽之人的無辜受害者。

他變得高傲、態度輕蔑。質疑他的成就的那些人，例如艾瑪．奧萊利，都是嫉妒的酸民或輸家。

遭到質疑時，他變得怒氣沖天。他揚言要摧毀作證不利於他的泰勒．漢米爾頓。

儘管我們永遠無法近距離地看到他們背後的原因為何，他們的反應都指向極端自戀最重要的那種核心羞恥感。藍斯．阿姆斯壯的行為顯示，每當他的贏家自我形象受到威脅時，就會感到強烈的自戀性傷害，認為那是一種攻擊，他必須採取即刻且強力的對策，去摧毀發動攻擊的敵人。當一個人的羞恥感愈深，那麼在羞恥感快要浮現時，他愈會覺得受到攻擊。以心理學術語來說，當他愈猛烈地防衛時，反應就愈惡毒。

霸凌型自戀者（如同所有的極端自戀者）透過其特有的性格，將大部分的心靈能量，用於維持我所謂的「**不間斷自戀性防衛**」。我發現電影《魔鬼終結者2》（*Terminator 2*）的生化人 T-1000，很適合拿來做為比喻。如果你看過這部電影的話，可能想起 T-1000 是百分之百由擬態聚合金所製成，這種液態金屬碰到任何物體，都能變成它的形狀。擬態聚合金也意味著這個魔鬼終結者在「受傷」或損毀時，很快就能恢復原狀。其中一個著名場景是，T-1000 在奔跑時，身體被步槍子彈打出一個個大洞；但在幾秒後，彈孔很快就癒合了，身體看起來完好如初。

就像 T-1000 那樣，仰賴不間斷自戀性防衛的人，是刀槍不入的。批評或挫敗可能暫時傷了他，但是他幾乎能立即復原，繼續攻擊。在追求贏家自我形象的過程中，他會一直維持警戒，以防止自戀性傷害，而且早就準備好去擋掉批評，或者其他損及自尊的打擊。如同 T-1000 那樣，極端自戀者會吸收巨大的侮辱到自我感覺裡，並立即重組成防衛的性格結構（character structure），保護自己免於受辱。

重要的是，別忘了，霸凌型自戀者有意識地感覺到，自己跟他向世界所展現的，帶有防護力甲殼般的人格是一模一樣的。那就是他。他絲毫沒察覺到不間斷自戀性防衛的背後有什麼，或者他是在逃離核心羞恥感。因此，霸凌型自戀者就像其他的極端自戀者一樣，幾乎不曾改過自新。若要改變他的方向，他就得變成一個完全不同於以往他所認為的自己。

你不是我這一國的

校園霸凌者能召集其他孩子加入霸凌行列的事實，一開始著實令人驚訝。為什麼有那麼多孩子想把痛苦加諸在同儕身上？他們不見得全都是霸凌型自戀者。無疑地，其中一部分人會遵從指令，是因為擔心自己變成攻擊目標。其他人則是想跟受歡迎、有社交影響力的同儕建立交情，以提升自己的地位。由於人人在中學時期多少都會有社交焦慮，參與霸凌行動時，即使你不是帶頭者，藉由將某個人（而不是你）當成輸家，能讓你有個地方安置自己的不安全感。

霸凌經常是一種慶祝儀式，以大一新生被整的形式進行。兄弟會和女學生聯誼會立誓入會者、軍隊的菜鳥，以及職業運動的新人，通常得忍受這些儀式帶給他們的羞辱、丟臉經驗，從中存活下來，才能拿到進入「贏家」精英世界的門票。尤其在運動和戰爭期間，勝利時會將對手標記為輸家，因此增強勝利方的自我形象。就其本身而言不算病態行為，然而，我們還是看得到自戀的動力在作用。一群人以犧牲他人為代價來建立自尊；「被打敗」一事，總是會讓人感到恥辱。

霸凌型自戀者在中學階段和長大成人後，經常會組織自己的「小團體」，在工作場所、家族成員間和社交圈內，找人一起去打敗並羞辱被他列為箭靶的人。中學時期的霸凌受害者，往往是獨行俠，或是有不討喜的異於他人之處，原本就是缺乏社會資本的人，而成年的霸凌箭靶通常是高度成功的人士。根據職場霸凌協會（Workplace Bullying Institute）的研究，「目標似乎多是資深且是工作群組裡最熟練的人。」[8] 同時，這些「箭靶」通常擁有較好的社交技巧，比較受人喜愛，因為溫暖而受人器重，也比較能同理他人。基於種種不太明顯的理由，遭霸凌的目標對於霸凌型自戀者造成精神威脅，大多是出於霸凌者嫉妒對方受人稱讚和器重。因為霸凌者用競爭的鏡片看這個世界，那個成功、備受敬重的目標威脅到他，讓他覺得自己在相較之下有如輸家。

霸凌型自戀者將目標看成威脅，因而開始為難對方，試圖摧毀對方的名聲和工作。如同第二章的丹妮絲，霸凌者會散布關於目標的惡意謠言。他們試圖孤立或排除那個人，不讓他參加社交聚會。他們用種種手段，設圈套讓目標遭遇失敗：

- 暗中破壞或蓄意妨礙他的工作。
- 隱瞞必要的資訊。
- 持續批評他的工作成果。
- 貶低他的意見。
- 公開奚落他。

如果霸凌型自戀者是主管的話，就有更大的權力去破壞他的目標，像是設定不可能達標的截止期限、無端地頻頻改變工作的指引、不說明就一再變更負責的範圍等等。

我的網站訪客瑪莉，提供了一段關於她在職場被「圍攻」的長篇敘述。她在一家為失能成人提供住處的設施當助理護士，起初她被當成工作單位之星，因為能以同理心跟住民建立關係而受到器重，管理階層也稱許她的工作倫理。但是，當一位設施住民要求轉到瑪莉的單位並獲得核准後，原單位的負責護士洛倫覺得自己被看輕，便開始跟同事說瑪莉的壞話，說她「自命不凡」。洛倫暗示瑪莉能大受住民歡迎，是因為她誘人、不專業的行為。

隨著時間推移，洛倫拉攏到其他員工一起打擊瑪莉。她們當著瑪莉的面嘲笑她，當她需要支援時袖手旁觀，還強迫她承擔額外的工作量。她們騙主管說瑪莉「懶惰」，指控她偷了設施裡的食物和庫存品。洛倫刁難任何跟瑪莉當朋友的人。這個霸凌行動持續了好幾個月。如同許多職場霸凌的受害者，瑪莉因為這個經驗而受創太深，最終辭去了工作。

職場霸凌目標的情緒結果（emotional consequence），與中學霸凌受害者經歷過的很類似，將導致她開始感到無助，容易受傷，孤伶伶的，也可能失去自信。士氣低落的結果，她可能無法專心，殃及工作成果。隨著時間流逝，她可能陷入憂鬱，對以前感到有趣的活動變得興致缺缺。加上她的苦惱，她可能對自己的反應感到羞愧，覺得自己像是輸家，懦弱到不敢捍衛自己。職場霸凌受害者往往會將發生的事怪罪到自己身上。

如何應付霸凌型自戀者

霸凌型自戀者一直在逃避輸家的身分，不斷以自戀性防衛去抵抗核心羞恥感，他們不僅危險，也對理性或同情的請求大多無感。若要他們同理自己對受害者造成的痛苦，就必須「擁有」他們所投射的羞恥感，但是他們幾乎不會那麼做。在許多情況下，對於他們的行為，最好的反應是盡可能遠離。我的一位網站訪客寫道，她跟心理師談到被上司霸凌的事，得到以下的忠告：「讓你的履歷表更棒。」

在中學，除非父母可以幫孩子轉校，否則幾乎不可能逃離。這個孩子勢必得天天在教室、操場、餐廳或校車上，面對霸凌型自戀者及其同夥。沒有能力逃離迫害，造成中學時期的霸凌情況特別惡毒，這可以說明為何每年霸凌受害者自殺的數字那麼驚人。[9]要是憂心的父母介入其中，往往會讓情況雪上加霜。雖然傳統上教師和行政官員都嘗試避免正面面對這個問題，但在持續努力提高相關意識後，有愈來愈多學校針對霸凌制定了零容忍政策。總的來說，要對付中學和高中的霸凌型自戀者，有賴於在整個環境下社會觀點的改變。

霸凌型自戀者有時也會出現在你的家裡，引發爭執，找人結盟來對抗你。在那種情況下，「轉換」到另一個家庭很明顯並非選項之一。在應付霸凌型自戀者時，永遠要記住，羞恥感和屈辱感是問題所在，即便你看不出來。單純的評論可能讓人感覺嚴重受辱。萬一你很成功、比較有錢、長得比較好看等等，當對方的嫉妒心生起，將會動不動就觸怒到他。無論你做什麼，對方都會覺得你在表現優越感和自大。我再重申一次，訴諸理性的效果很小。「我沒有那個意思」或是「我不覺得我比你優秀」這些話，對於霸凌型自戀者而言沒什麼意義。

儘管這聽起來是個「膽怯的」忠告，但應付自戀者的最佳之道是安撫他，讓他感到安全，不管你的原意是什麼，避免任何可能引起對方羞恥感的言辭或行動。請記住，霸凌型自戀者很危險，能帶來嚴重傷害，因此他或她需要被小心翼翼地對待。你也得記住，霸凌型自戀者就跟所有極端自戀者一樣，幾乎不會尋求心理治療，也不太會改變。別欺騙自己說，你能說服他或她改變。

我們將在第十一章進一步討論這些問題。

04

Narcissist

我從來都不想跟你一樣／我一直都想跟你一樣

□霸凌型自戀者

■**自戀型父母**

□挑逗型自戀者

□浮誇型自戀者

□萬事通型自戀者

□自以為是型自戀者

□懷恨型自戀者

□成癮型自戀者

我們都遇過這樣的人——一天到晚誇耀自己的兒子或女兒的驕傲父母，變得過於傲慢自大。他們將子女美化，似乎覺得子女不會犯錯，當然這意味著身為父母的他們在養兒育女上的表現棒極了。孩子的成績單全都拿A、在音樂或運動競賽上優勝、學術評量測驗（SAT）得到幾乎完美的分數等榮耀，常讓父母感到與有榮焉。這些父母的誇耀有時讓我們產生自我懷疑，彷彿我們是矮人一截的父母。

以兒子或女兒為榮是一回事，但是想透過子女間接滿足自己浮誇的自我形象，則是另一回事。對他們而言，將子女美化反而是幫倒忙。他們可能永遠無法發展出真實的自我感覺，清楚自己的能耐或是得體地尊重他人的感受。他們終其一生可能都被迫得不斷地證明自己是贏家。當我們看到為人父母者將自己的孩子美化，未能設立適當的界限，或更正他們錯誤的行為時，通常會覺得那些父母「失職」。

本章的主題是美化自己孩子的父母，利用孩子獲取自戀利益。若要了解這類父母的自戀，以及為什麼這樣的自戀會對其子女甚至其他競爭的父母造成傷害，我們得明白父母在人生不同階段應該提供什麼，好讓子女成長茁壯。

在小孩的生命中，有一段時間非常適合被美化。細想一下新手父母在寶寶達到發展里程碑，例如：翻身、學習爬行、說出第一個字或踏出第一步時，有多麼歡喜。父母帶著驚喜迎接寶寶的每一個發展，把它們看成驚天動地的重要事件，而不是時間到了就會自然發生的成熟發展。忘我的媽媽對著她們的寶寶輕聲細語、笑逐顏開；原本會針對公眾利益話題理性對話的人，如今開口閉口都是育兒經；他們不斷分享寶寶最新的照片，樂此不疲，而且很顯然覺得（不管他們知道的實情為何）他們的孩子是史上最好看的寶寶。

寶寶在剛出生的那幾個月，集三千寵愛於一身，用一股強烈的引力將父母拉到繞著他轉的軌道裡。但不是每個孩子都有幸能有這樣的經驗，如果帶著愛的父母遵循溫尼考特所說的內建「正常設計藍圖」，寶寶理應享有這樣的關愛。人類嬰兒要茁壯成長的話，需要在初期發展階段感覺到自己長得好看而且很重要；滿心喜悅的父母表達的關愛，將提供一種理想成長所需的情感養分。

近年來，神經科學的進展證實了這一點。大多數人認為嬰兒的大腦在出生後就完全成形，但是事實上，它在出生後的第一年仍繼續發展成長。根據精神科醫師兼神經生物學者艾倫．修爾（Allan Schore）的說法，媽媽和寶寶開心互動期間釋放出來的神經傳達物質，可以促進神經之間的相互連結，對大腦的發展十分必要，是大自然特意的設計。[1]或許可以說，人類寶寶在基因上設定為「期望與照護者有快樂的關係」。他們的大腦靠這樣的關係成長，如同身體在純生理層面需要關鍵的營養素來變得茁壯。

就如我們在第三章所見，符合這種期望的嬰兒時期經驗，可以促進健康的自我感覺和自我價值；但是，如果它沒能符合所需的話，將會帶來內在缺陷感或醜陋感，也就是我所稱的「核心羞恥感」。在高度失能家庭長大的孩子，與在較健全的環境中長大的孩童相比，其大腦斷層掃描顯示出發育遲緩，以及比較少的神經相互連結，而這是核心羞恥感在解剖學的表現。就如先前所述，極端自戀是對於內在缺陷的極度痛苦意識所產生的一種防衛性反應。在發展期欠缺這種茁壯成長所需的快樂關係的孩子，可能發展出一種防衛性的個性，一定要（對自己及他人）掩飾他們在核心感受到的強烈羞恥感。

隨著孩子長大，那些在孩子發展的某個階段把孩子捧上天的父母，必須調整這種毫不批評的稱讚方式，開始採取更實際的觀點。隨著孩子學會爬行，然後步行，開始探索更大的空間時，他必須了解並非自己所做的每件事都一定會帶來喜悅。因為這個世界是危險的地方，很重要的是，他要能認清自己的弱點和極限。他可能沒注意到四周，一心追著跑到街上的球，父母得幫助他了解來往的車輛會帶來危險。他可能覺得自己無所不能，活在父母的情感宇宙中心，但事實上，他是一個渺小且相對無力照顧自己的人類。

成長中的孩子也得適應外在現實世界的要求。旁人不會總是讚美他，彷彿無論他做了什麼都是完美無瑕的；現在，他得不辜負期待，才能贏得讚美。「很棒！這一次你用說的，而不是打人。」孩子在生命最初的幾個月裡，處於有愛、喜悅，且大多是無批評的環境下，奠定了自尊的基礎，但隨著時間推移，因為符合父母的期望而得到讚美，對於一個孩子的自我價值感建立，變得愈來愈重要。

父母必須教導孩子，在更大的社會環境下學會可接受的規則和標準，這經常意味著要讓他們感到挫敗。「不行，這次輪到艾希頓，你要等一等。」「不行，你不能因為你想要，就拿走妮基的積木。」孩子需要感覺到自己的情感經驗是非常重要的，但是在某些時刻，他們必須懂得其他人也有感覺。為了在社會立足，他們必須學會這一點。經由父母比較沒那麼寵愛且更實際的引導，孩子變得不再那麼自我中心，可以發展出同理他人的能力。

說到建立孩子的自尊，父母多少會面臨兩個接踵而來的挑戰：首先，鼓勵某種自大感，讓孩子覺得他是世界上最重要的人，然後讓他感到洩氣，教他明白自己只是芸芸眾生的其中一人，得跟其他所有人一樣，遵守相同的要求和約束。當然，很重要的是父母要持續讓孩子感受到「因為是他，所以父母無條件地愛他」，但是那不表示父母無條件地接受他所做的每件事。

隨著孩子逐漸長大，需要父母為他們的行為建立清楚的界限、標準和期望。如同開心的稱讚有助於他們在嬰兒期的成長茁壯，在後來的幾年，父母關愛卻堅定地表達贊同和不贊同，將能讓孩子變得成熟並喜歡自己。根據「正常設計藍圖」，孩子需要也期望父母在成長階段行使這種良性的權威。或許我們可以說，**健康的自尊有賴於受到無條件的愛，以及基於一套明確價值觀的有條件的贊同。**

與過去三十多年來自尊運動所教導的相反，那些未能替孩子的表現建立客觀標準，以及只是一味稱讚孩子所有作為的父母，都無法讓孩子發展出可靠的自我價值感。這種情況在那些透過「完美的」後代實現浮誇自我形象的父母，所培育的孩子身上特別真實。這些孩子可能帶著膨脹的妄自尊大感長大，覺得自己有權得到想要的，明顯不在乎其行為所帶來的後果，不過，基本上他們並不滿意自己。

就跟早年經歷過情感創傷的孩子一樣，那些受到父母持續美化、寵溺和過度保護的孩子，也會遭到無意識的羞恥感所苦。他們由於符合父母對其過於美化的期望而受到關愛與稱讚，因此難以接受自己真實的不完美和「只不過」是凡人的自我，對此覺得很丟臉，因此得隱藏起來，別被任何人看到。無論他們有意識的經驗為何，都了解到自己必須支撐的膨脹自我形象是假的，因此害怕暴露自我。

安徒生（Hans Christian Andersen）的童話《國王的新衣》（*The Emperor's New Clothes*）掌握到這一股心理學的動力。兩個騙子到王宮去，說服虛榮的國王讓他們幫忙縫製一套新服裝，不稱職的人或是「蠢到不行」的人就看不到這套服裝。他們對國王說，這套國王的新衣是由最精美、最稀有的布料製成，將超越其他所有服裝。觀眾因而被迫做出選擇：要假裝他們看得到新衣，或者坦承他們看不到，進而承認自己的愚蠢或無能。你知道故事最後如何結尾。夢幻般的衣服如此優雅、高級，結果證明是一場精心編造的騙局。裸露的國王像個自負的蠢蛋，丟臉至極。

將子女美化的父母，不見得自己在過去也被寵壞或被美化，其中有許多人來自高度失能或者有創傷的背景，在無意識層次受到核心羞恥感所苦，因而利用孩子讓自己好過一點。愛麗絲・米勒（Alice Miller）在關於這個主題的經典著作《幸福童年的祕密》（*The Drama of the Gifted Child*）裡，率先讓人注意到，被「帶著不安全感」的母親養大的孩子所面臨的困境。

米勒談到那些仰賴孩子來維持她所稱的「自戀平衡」（narcissistic equilibrium）的

女性們：「我常遇到一些因天分和成就而備受讚賞的病人……我在治療他們的過程中，發現每個人都有值得注意的童年經歷：他們的母親心中都有不安情緒。她透過特別的方式，將自己的自戀平衡，寄望在孩子的行為或行動上。」[2]

以席琳為例，她在有自戀型母親的環境下長大。就記憶所及，她一直都在努力達到母親對她應該是怎樣的人的期望。直到她的母親過世後，她才感到真正的自由。

你具備了所有的天分

直到今天，席琳還是不喜歡糖果的味道，因為它們讓她回想起母親逼她喝下的「選美快克」（pageant crack），一種糖粉吸管糖 Pixy Stix 和甜味能量飲料，好讓她在選美比賽時保持清醒。在席琳四歲過後沒多久，母親就開始讓她參加兒童選美比賽；席琳對於童年大多數的記憶，包括：在母親嚴格注視下累死人的彩排、長途開車後入住選美會場附近的廉價汽車旅館、母親在後臺要求她再一次練習表演時引發的爭執。

席琳在七歲時開始出現憂鬱症和飲食障礙症的跡象，醫師強烈建議母親不要再讓她參加選美巡迴賽，她的父親也終於出面制止。工時很長的他只管自己的事，平常需要父母做決定時，他都是由太太做主，不過，現在醫療權威人士給了他一點支持。他一直都反對花在選美上的開支，而且每當席琳和母親到外地比賽時，他都得獨自度過週末。席琳的父母為了是否要繼續參加比賽而大吵，父親拒絕再花錢支付所有課程、服裝和昂貴的報名費。

席琳的母親毫不掩飾對於這個決定的不滿，席琳覺得這好像是她的錯。雖然她很開心可以丟掉那些戰利品，燒毀剪貼簿，但是母親經常看著那些舊照片，帶著一種不公平的感覺嘆氣，彷彿人生欺騙了她。在她母親還是少女時，也參加過選美比賽，但從未擠進郡級比賽的準決賽。最後，外婆告訴母親，她不夠漂亮或沒有天分可以贏得比賽，同時逼她不要再比賽了。儘管這沒什麼道理，但席琳總覺得母親個人的失望要算在她頭上，因此她有責任要補償母親。

席琳不必被提醒父母對她的期待，就經常拿全A的成績單回家。每當席琳聽到母親向朋友誇耀那些成績，或者一再講到以前席琳參加選美的老掉牙故事時，她就會離開房間。席琳不像母親那樣渴望大家的注意、成為話題主角、暢所欲言，隨著年紀增長，席琳對於成為別人關注的焦點感到非常不自在。她在學校從來不曾舉手發言，每當老師叫她時，她總覺得尷尬不已。

在選美比賽告一段落後，母親幫席琳報名鋼琴課，而且很快就要她彈給家人和朋友聽。席琳只跟母親抱怨過一次，解釋說她彈得不是很好，別人不是真的很想聽。母親堅稱：「你彈得完美極了！」「而且我那麼說並不只因為我是你媽媽。前兩天，雪拉．華勒斯，就是珍妮的媽媽，跟我說她認為你可以當演奏會鋼琴家。」那很可能是母親自己說的，然後華勒絲太太禮貌性地附和而已。

這些年來，母親自己斷斷續續地嘗試過一大堆嗜好，從風景繪畫到手拉坯，但她總是很快就放棄，無法練就好技巧。她對席琳說：「我不行，你才是天賦異稟的人。」每當母親失去熱情時，常常會陷入她自稱的「極度恐懼」中。席琳放學後回到家時，總是能從屋子裡的寂靜，料想到母親的心情。空氣中有一股沉重感，一種陰暗與忽視的氛圍，告訴席琳，她的母親在樓上的床上躺著。然後，席琳就會拿著托盤放上茶和吐司，編造一些當天在學校發生的趣事，讓母親笑一笑。

母親開心地嘆氣說：「你真是我的乖女兒！」「你知道什麼對你可憐的老媽最好。」

母親為了一長串無以名之的病痛所苦，而當席琳的父親在她青少女時期過世之後，照料母親的工作就落到她的肩上，像是打電話給醫師、開車載她去看診、從破舊的《醫師桌上參考指南》（*Physicians' Desk Reference*）去找線索。當然，她上大學時住在家裡。而且，席琳完全沒經過選擇，就以醫學院預科為主修，進入醫學院就讀。席琳對於自己的人生想做什麼，一直沒有清楚的想法，而且媽媽看起來想要家裡有個醫師。

儘管席琳受到病患的稱讚和同事的尊敬，但她從來都不喜歡行醫。看似源源不絕的需要幫助的病患，讓她感到精疲力盡，但她深刻理解他們的痛苦，一定得為他們提供緩解之道。晚上回到家後，她總是感到被掏空，有種莫名的絕望感。她獨居，每週去探望母親好幾次。每次母親聽到席琳走進前門後的關門聲，都會大喊：「那是我的女兒，醫師嗎？」

◆◆◆

席琳在母親不快樂的陰影下長大，是她的母親尋找意義和個人重要性的工具。有時，席琳想為自己發聲，不過，在大多數情況下，她都順應母親的需求。愛麗絲・米勒在談到其他跟席琳一樣的男孩與女孩時這麼說：「這孩子憑直覺就有驚人的感知和回應能力，無意識地知道他要承擔那個母親或父母在無意識間指派給他的角色。這個角色確保了對這孩子的『愛』，但其實是父母的『剝削』。孩子可以感到自己被需要，而這個需要保證了他某種程度的存在性安全感（existential security）。」[3]

愛麗絲．米勒的書在最初出版時，使用了帶給人強烈感受的書名《童年的囚犯》（*Prisoners of Childhood*）。被自戀型父母養大的孩子，經常困在這種關係裡，無法逃離期望的牢籠，因而無法發展出獨立的自我感覺。即使成年後，他們依然得順應父母的需求，如果造成父母失望的話，他們會有罪惡感，始終透過實現自己的特別天賦才能，不停地在尋求「愛」。

由於「存在性安全感」依靠的是感受他人需要什麼，自戀型父母的孩子經常在長大後成為具有高度同理心的人，很能理解周圍所有人的願望和需求。他們會是忠誠的朋友、有同情心的聆聽者、永遠都能依靠、樂意傾聽。而且太多情況是，他們很不智地選擇了自戀的配偶，遭到類似的利用。就像席琳那樣，他們經常會走上救人的專業。總體來看，我的母親是比較不嚴重的自戀者，我跟她的關係大致說明了我決定成為心理治療師的主要理由。我在很小的時候也感受到，我的人生角色是透過成功去彌補她的不幸福。

由於自戀型父母利用孩子來實現自我形象，使得那些孩子無法建立真實的自尊。這些父母只顧自己，而且對他人的需求很遲鈍，在第一項任務（無條件讓子女感到安全和被愛）就不及格，而且在第二項（在適當的階段讓子女了解現實的標準和該承擔的期待）也一樣不及格。他們經常鞭策子女達到功成名就，藉此減輕自己的無意識羞恥感。

席琳長年被母親的自戀利益所利用，看似幾乎成了無私的人，致力於照顧他人。但是許多被自戀型父母養大的孩子，自己也變成了自戀者，渴望獲得讚賞，不在乎他人的感受，以行話來說就是「自戀導致自戀」。自戀型父母的下一代，通常會從事受到眾人關注的行業，像是政治人物、運動員或演藝人員。父母和子女雙方透過關注、讚揚，以及權力的行使，來減輕他們的無意識羞恥感。

眾所周知，老虎．伍茲（Tiger Woods）和其父親厄爾（Earl）的故事，就是這股動力在作用。如果不是父母在背後強推，不會有孩子兩歲就上全國性電視節目，跟喜劇演員鮑伯．霍伯（Bob Hope）一起推桿。這個父親將羞恥感與自戀傳承給兒子的故事，始於厄爾的童年。

他將會改變世界

厄爾・丹尼森・伍茲（Earl Dennison Woods）於一九三二年出生於堪薩斯州曼哈頓，是父親第二段婚姻的第六個孩子。根據街坊鄰居的說法，厄爾的母親「精神失常」，他的父親時常罵人。[4]這位父親顯然有「精神上的問題」，曾經在教堂儀式中突然起身咒罵，或者在家裡大發雷霆。[5]這對父母彼此厭惡，厄爾的母親不尊重她的丈夫，他們的孩子也不尊重父親。一個厄爾的童年朋友這麼說：「我可以告訴你，關於他的父親，厄爾有很多事不想承認。」[6]厄爾十一歲時，他的父親就過世了。

通常這種世代相傳的自戀故事，是由源自於家庭失能的羞恥感所開啟。厄爾從小小的年紀就開始展現自戀性格結構，而這是對抗羞恥感的一種防衛機制。根據傳記作者湯姆・卡拉罕（Tom Callahan）的描述，「他想要變得偉大，變得了不起。」[7]厄爾的姊姊梅伊（Mae）告訴卡拉罕，「厄爾一直在尋找可以做得比他人更好的事，或是成為比他人更厲害的人。我不知道該怎麼解釋這件事。他死命地想要打響名號。」[8]

厄爾終其一生都在談論自己有多麼偉大，美化他的一部分成就，有些則是完全捏造的。湯姆・卡拉罕稱他是「世界級吹牛大王」，但說他是「騙子」可能更準確。[9]他謊報父母過世時自己的年紀，欺騙說當時自己更小，好讓他早年自力更生的事蹟看起來更加不凡。他謊稱自己拿到了為堪薩斯州打棒球的獎學金。終其一生，「他有時說自己是『整個聯盟第一位黑人運動員』，或是『堪薩斯州第一位黑人棒球員』，但兩種說法都是假的。」[10]

當芭芭拉・安・哈特（Barbara Ann Hart）開始跟厄爾約會時，她的祖母見了厄爾，警告芭芭拉要離開他。他「極度自以為是，不是嗎？我們都知道他很愛自己，但是他還有愛你的餘地嗎？」[11] 答案看起來應該是很響亮的「不」。安妮當了多年支持軍人丈夫的妻子，並給了厄爾日後所稱的三個「訓練的孩子」，但厄爾卻在從泰國返國後，開始對她情緒操縱（gaslighting）。在離婚之前，厄爾先發動「心理戰」，時常提醒安妮，她有種種缺陷和短處，最終摧毀了她的自信。厄爾沒有事先跟她討論，就叫一名律師朋友上門，說服安妮簽下離婚文件。

厄爾先前派駐在曼谷時，認識一名泰國女子，將她帶回美國。昆蒂達・蓬沙瓦（Kultida Punsawad）在厄爾・伍茲離婚後不久就跟他結婚，並在一九七五年十二月三十日，生下兩人唯一的孩子艾德瑞克・東特・伍茲（Eldrick Tont Woods，即老虎・伍茲）。幾乎從老虎・伍茲出生後，厄爾就開始培育他未來要走上職業高爾夫球選手之路。厄爾直到二十年軍旅生涯快結束之前不久，才接觸高爾夫球，但是他很快就迷上它，甚至在老虎・伍茲還不會走路時，就把他綁在車庫裡的高腳椅上，讓他看得到老爸把高爾夫球打入網袋裡。

厄爾日後如此表示：「我從來不用跟小孩說話的語氣，來對老虎說話，我從不把他當小孩子看待。」[12]十個月大的老虎・伍茲從高腳椅被放下來後，第一個動作就是拿起推桿，模仿父親身體擺動的樣子，而且馬上把球打進網袋。從那時候起，厄爾就專注於將老虎・伍茲培育成未來的職業運動員。厄爾第一段婚姻的長子丹（Den）如此形容：「老爸從沒說過老虎是耶穌第二次降臨。他只說他會改變這個世界。」[13]後來，厄爾對《運動畫刊》（*Sports Illustrated*）的記者表示：「在改變人類的進程上，老虎的成就將超越歷史上任何一個人。」[14]

厄爾其他較年長的孩子都很清楚，厄爾跟老虎・伍茲的關係很特別，他扮演好友的成分多於父親。老虎・伍茲一直位於厄爾的情感宇宙中心，被培育成好鬥的競爭者，追求遠大夢想；他不曾學習要謙卑，或是顧及他人的感受。丹形容他是一個「獨自高飛的人」，「老虎的整個世界圍著老虎轉」，而且他不曾學習要珍惜家庭。[15]成年後，老虎・伍茲跟其他同父異母的兄弟姊妹，沒有任何聯繫。

老虎在十四歲接受《舊金山紀事報》（*San Francisco Examiner*）訪問時，對記者說：「人生中沒有比在運動場上打敗所有人更有趣的事了。」二十歲時，他填寫美國高爾夫球協會的問卷，被問到最喜歡的運動員是誰，老虎的答案是：「沒有。」後來在一次接受訪問時，被問到他對高爾夫球這項運動的影響時，他只想到自己屢屢獲得優勝，不認為自己是模範人物。「我在美國已經拿下五十次冠軍。我想沒問題，那是好的影響，我想。」

我是贏家！

如同他的父親和祖父，老虎．伍茲的脾氣很差，以暴怒、罵髒話、球打歪時朝攝影機丟球桿等行徑著稱。「在他的時代，眾所周知他很會大叫。在史帝夫．威廉斯（Steve Williams）說了：『老虎，你是有史以來最爛的高爾夫球選手』後，還來不及說下一句，老虎就回嗆他：『你是最爛的桿弟』。」[16] 在許多人看來，老虎．伍茲「沒有運動家風度而且輸不起」，把輸球看成是個人的恥辱，彷彿他本來就有資格贏球。[17] 在他的性醜聞爆發後，吸引全球媒體到場的記者會上，老虎．伍茲表達了該有的歉意，將自己的行為怪罪於特權感（sense of entitlement）：

我不再遵循從前被教導的那些該相信的核心價值過日子了。我知道我的行為錯了，但是我說服自己，正常的規範不適用於我。我從來不曾考慮自己傷害了誰，反而只考慮到自己。我直接越過夫妻之間應該遵守的分際。我以為自己可以為所欲為，不必受罰。我覺得自己一輩子都很拚命工作，理應可以享受身邊的所有誘惑。我覺得自己應該享有特權。[18]

自從結婚後，老虎．伍茲就表現出絲毫不尊重妻子艾琳（Elin）感受的態度。「我從來不曾考慮自己傷害了誰，反而只考慮到自己。」很顯然，他對待眾多情婦的態度也好不到哪裡去，只是利用她們滿足他那經常包含痛苦和墮落的性幻想。在大多數情婦口中的他也相當低級。潔美．蔣格斯（Jamie Jungers）在跟他「交往」十八個月後，終於開口要求他金錢援助，好讓她可以搬離公寓。但這位億萬富豪告訴她：「我沒辦法。」隨即就不再打電話給她。

就像他的父親一樣，老虎．伍茲也有扭曲真相的問題。除了一再對妻子說謊，掩飾他多次出軌的行為之外，他也被發現用美化或完全捏造的故事，來擦亮他從遭受種族歧視到成功的英雄形象。一九九七年，他接受芭芭拉．華特斯（Barbara Walters）訪問時，談到進幼稚園第一天就被六年級生綁在一棵樹上，還被噴上「黑鬼」的字樣。多年後，當他的性醜聞爆發時，他的幼稚園老師站出來，說老虎．伍茲是個騙子，他說的那件事從未發生過。[19]他還說謊抹去在美國職業高爾夫球PGA巡迴賽的不名譽作為。在二〇一三年五月的一場錦標賽中，一名「球員錦標賽」（Players Championship）工作人員指控，老虎．伍茲在主要對手打關鍵的一球之前，故意干擾對方，而且還不承認，缺乏「勇氣」。

雖然老虎．伍茲在醜聞爆發後的記者會上說，他已經「不再遵循從前被教導的那些該相信的核心價值過日子」，但他的確從父親說謊、吹牛和欺騙的範例，吸收了一套非常特別的價值觀。

厄爾在拋棄元配之後，一再背叛第二任老婆。他陪兒子征戰PGA巡迴賽時，由於一大堆女性在他的飯店房間進進出出，落得聲名狼藉。厄爾的姊姊梅伊說過，如果厄爾是她的丈夫，她早就對他開槍了——即使她深愛自己的弟弟。[20]

由於厄爾把兒子視為人類史上最重要的人物之一，按照他為兒子設立的範本來看，老虎．伍茲長大後覺得一般規矩不適用於他，這會奇怪嗎？

老虎・伍茲清楚展現了極端自戀的兩個特徵：「膨脹的妄自尊大感」和「漠視他人的感受」，以及伴隨第二個特徵而來的：傲慢、特權感和利用他人等等。老虎・伍茲那個超級好勝的父親，透過兒子活出他的贏家自我形象，並用這個自我形象製造出一個世界級的自戀者。自戀導致自戀。

如果你有兒子或女兒參加團體運動，可能在看臺上遇過像厄爾那樣的家長。他們專心深入參與孩子的活動，也許過度看重比賽的結果。他們經常把自己視為跟孩子一樣的競賽者，當他們發現自己的隊伍輸了，可能變得很可怕。憤怒的父親針對判決不利他那一方的裁判大聲辱罵（霸凌）的場景，對你來說可能很熟悉。

對這種父母而言，那不僅僅是運動的輸贏而已。在無意識層面，「被打敗了」會讓一個人成為全面的輸家。

比較沒那麼露骨的是，透過孩子的學業成績或藝術成就，來間接較勁的自戀型父母。他們靠著自己的孩子比你的孩子「更優秀」，來支撐自己的贏家身分，雖然他們不見得會把比較說出口。有充足驅動力的自戀型父母，能透過孩子讓自己攀上高峰，儘管這得付出許多情緒代價。對那些孩子而言，將完美主義的父母內化、瞧不起「平凡」，可能是最主要的精神傳承。當父母對於未能達到最高等級的表現嗤之以鼻，他們的孩子長大後，很可能因為自己「只是」一般人而痛恨自己，瞧不起自己有所局限，內心充滿了無意識羞恥感。

老虎·伍茲在球打得不好時往往會罵自己，就是這種例子。當然，職業運動員需要高度的競爭心才能成功，但是當極端自戀在作用時，他需要一直優勝，來證明自己是免於羞恥感的贏家，而不是可鄙的輸家。當他站上世界的頂端，一切順遂，老虎·伍茲看起來驕傲且自信，實現了成為有史以來最偉大高爾夫球選手的命運。但當他表現糟糕時，就成了「有史以來最爛的高爾夫球選手」。就像霸凌型自戀者一樣，他在那些時候也會把自己的羞恥感或挫敗感，加諸於親近的人身上：長期的忠誠桿弟史帝夫·威廉斯成了歷來「最爛的桿弟」。

最好或最壞，贏家或輸家——極端自戀者只有兩種可能。

透過孩子間接得到成就感的自戀型父母，通常會如厄爾·伍茲那樣把孩子捧上天。但如果孩子讓他們失望或是想獨立的話，自戀型父母可能會突襲那個孩子，而且通常手段相當惡毒。無法靠孩子活得像理想贏家的父母，可能會讓孩子演起可鄙的輸家，迫使孩子扛起無意識羞恥感的負擔。就像霸凌型自戀者一樣，這種父母會讓孩子付出代價來提高自己的自尊，帶來破壞性十足的結果。這樣的孩子可能終其一生在情感上都有缺陷，背負著具傷害性的羞恥感與自我嫌惡感。

數年前，我在網站上發表一篇題為「自戀型母親」的貼文，收到數百則男性和女性的評論，他們從我的敘述中找出自己的經驗。網站訪客說出了自己被母親折磨的故事，有些人受到言語虐待，有時是身體虐待，母親在孩子小的時候一直對他們說，他們很蠢、沒用或是瘋了。這些母親逼迫兒子和女兒去背負無意識羞恥感的重擔，指派孩子在她們自戀的世界觀裡扮演輸家角色。[21]

自戀型父母經常會拉攏其他家族成員來製造嫌隙，聯手一起對付那個「壞」小孩。換言之，他們會霸凌自己的孩子。這種行為的受害者者往往形容自己是「代罪羔羊」，得為家裡所有的問題負責。他們的母親經常拿不討喜的他們，跟被認為「有出息的」另一個兄弟姊妹做比較，一個孩子是贏家，另一個是輸家。自戀型父母還會公然說謊，把自己描述成受害者，而他們的孩子是沒心肝的忘恩負義者。

席琳以符合母親期望的方式，來應付這種自戀型父母；儘管成年後，她感到不滿足，大多數時候都不開心，但仍達到某種程度的成功。不過，即便她在群體中受人喜愛和尊敬，卻時常覺得空虛和孤立。至於對莫拉來說，一個具傷害性、愛罵人的母親讓她扮演家中的代罪羔羊，使她感到很痛苦，一輩子都帶著強烈的自我嫌惡感。如果莫拉試著跟別人談及她受到的虐待，沒有人會相信竟然有母親那麼做。

大家會這麼說：「你母親可能表達得不是很好，但是你得知道，你母親心裡是愛你的。」

拚命尋求認同

莫拉幾乎無時無刻都覺得自己是母親身邊的一個禍害。她的哥哥尚恩是母親的驕傲和喜悅，不可能犯錯，而莫拉覺得自己像是個包袱。小時候，她常聽說父親不想要第二個孩子，他在莫拉出生後沒多久就離開家。雖然母親沒有說出口，但是莫拉覺得好像是因為自己出生才導致父母離婚。如果只有尚恩這一個小孩，或許父母的婚姻現在仍維繫著。

母親在尚恩做錯事時，總是輕輕放過他。她常說：「男孩都是那個樣子。」即使她抓到尚恩偷了放在廚房裡的錢也一樣。相較之下，莫拉只要犯一點錯，或者發生把牛奶灑在餐桌上等小意外，就會被處罰。母親也要求莫拉多幫忙，期待她去洗衣服，完成大多數的家事。

當父親不再給孩子生活費並消失之後，母親回去公司當祕書，每天都氣呼呼抱怨生活有多麼不公平。由於媽媽在公司上了一整天「累死人」的班之後，很明顯對於煮晚餐一事感到不悅，所以莫拉學會做菜，但是母親似乎不太在乎她煮的菜。晚上，他們都吃外送食物或冷凍即食餐。

每年，莫拉的母親總會精心安排尚恩的生日派對，而且通常會忘了莫拉的生日。如果母親記得買禮物給她，通常給的是莫拉不會穿的衣服，不是尺寸太大，就是適合年紀小她一半的女孩的風格。在母親的生日那一天，無論莫拉多麼努力讓這一天顯得特別，母親都會把自己說得很可憐，以博得同情。自從她那個沒出息的老公離開後，身為人母的她犧牲了自己的人生……她得到了什麼？沒有人在乎她，尤其是她那些不知感激的孩子們。媽媽用的是複數的孩子，但是莫拉知道這些批評只適用於她，不適用於她的哥哥。

母親常常嘲笑莫拉的體重，然而每當莫拉開始節食，母親總會在食物儲藏室存放甜甜圈和餅乾，或者不尋常地說要帶莫拉出去吃冰淇淋。當莫拉在青少女時期想要減重時，母親指責她想勾引男生，罵她是蕩婦。高中時，如果有男生約莫拉出去，母親就告訴她，男生只想要上床。而當男生來家裡接莫拉時，媽媽還調戲了他一番。從此之後，莫拉都跟約會對象在離家很遠的地方見面。

在學校的集會活動上，其他學生的母親經常來找莫拉，稱讚她拿了一個又一個獎項。「你的母親非常光榮，她開口閉口說的都是你！」在家裡，母親說莫拉在炫耀，警告她不要自以為是。如果莫拉告訴母親，她達到某個成就時，母親通常會回答：「驕兵必敗。」中學時，母親嘲笑莫拉想申請大學時一定過不了關，結果莫拉拿了獎學金進入第一志願的學校。

那時尚恩已經搬出去住，幾乎從她們的生活中消失。偶爾他會打來求救電話，母親就會把他需要的錢匯過去。但母親不情願地幫莫拉買了幾本大學課程的教科書，還跟所有朋友說是她供女兒上學。母親也在社區大學註冊讀副學士學位，每個學期末都會叫莫拉過來，比較彼此的成績。最後，莫拉學會了，如果不想讓母親攻擊她的話，就不能老實說出自己拿到好成績。

莫拉在大學四年級時認識了傑夫，當兩人訂了婚，準備結婚時，母親不曾恭喜她，還告訴莫拉，別期望她會幫忙出婚禮費用。但她卻試圖控制婚禮的一切，如果不順她的意，就大發脾氣。母親還在婚禮上遲到，當結婚進行曲開始播放時，才在眾人的注視下進場。

在交往初期和訂婚期間，傑夫看似是一個體貼又令人讚賞的情人，平等地對待莫拉。但身為丈夫，他的觀念有點過時，認為妻子應該服從丈夫。他覺得煮飯和打掃是「女人的工作」，卻要莫拉保有工作，支付一半的家庭開支。不管她喜不喜歡，他都堅持要做愛，因為那是配偶的義務。當莫拉生下一個女兒後，傑夫把換尿布、幫小孩洗澡、餵食等等，都看成是「母親負責的領域」。

僅有一次，莫拉向母親抱怨，傻傻地以為可以得到同情。但母親卻告訴她：「他還在你身邊，你就要偷笑了。你不曉得自己一個人帶小孩是多大的負擔。不要製造麻煩，這是我的建議。」

來自正常家庭的人聽到這些敘述，通常會產生些許懷疑。「相信母愛的聖潔」幾乎是舉世皆然，但身為心理治療師，我更清楚自戀型父母無法有同理心，沒能力去愛。

就像厄爾・伍茲，這類父母中有些人將孩子視為自己的延伸，映照出他們的偉大；而其他人則像莫拉的母親那樣，把子女當作可恥的缺陷感的容器，承接他們不想要的感受。他們把孩子變成輸家，好讓自己變成贏家；當自己的孩子成功時，還會感到嫉妒。

就跟許多自戀型父母的孩子一樣，莫拉很愛母親，拚命想要贏得她的認同。儘管有那麼多事證，但她仍希望得到母親的愛。她怪罪著，是自己造成母親缺乏母愛。唯有孩子太討人厭、有缺陷，才能解釋母親為何沒有母愛。而莫拉也跟其他不幸的孩子一樣，在長大後嫁給一個自戀的伴侶，這個人從心理學角度來看，跟她母親沒什麼兩樣。自戀型父母的孩子能理解他人需求，會為了讓別人接受自己而委曲求全，對於像傑夫那種自私、利用人的自戀者而言，是很自然的獵物。

關於莫拉和母親的關係之描述，聽在某些人耳裡可能覺得不可置信或者太誇張，但是我從接受治療的案主和網站訪客那裡，聽過更悲慘的故事。一名案主的母親在五歲的女兒被家庭友人性猥褻時，睜一隻眼閉一隻眼。由於母親需要那個人的幫助，便因此犧牲了女兒。網站的多位訪客都談到，當他們勇敢地開始獨立生活時，就受到父母（通常是母親）的全力攻擊。這些父母去跟其他家庭成員或朋友，說一些聽起來像事實的謊言，經常能成功地讓其他人疏遠那個惹事的小孩。許多極端自戀者已經學會如何讓自己看起來正常、對他人有愛，讓人以為他們才是受虐者，掩飾了他們惡毒的意圖。

如何應對自戀型父母

一些長大後仍持續活在自戀型父母魔掌之下的人，經常要我建議他們該如何因應。針對那些最過分的情況，我建議應該斷絕關係，或者，至少在親子關係上，設下強而有力的界限。無論是哪一種極端自戀者，幾乎都不會去尋求心理治療，而且很少會改變。最合理的做法是離他們愈遠愈好，以保護自己。

悲哀的是，自戀型父母的孩子永遠都在尋求父母的愛，把得不到這種愛的錯，怪到自己頭上，因此他們很難做到遠離父母。儘管他們心裡可能明白實情，但是「拋棄」父母的罪惡感，會讓他們感到更可恥。

有一位案主過去被母親當成跟兒童猥褻者交易的籌碼，如今還因不常跟母親接觸而覺得有罪惡感，彷彿這麼做讓她成了「不孝的」女兒。有時，她出於關心，忍不住打電話過去，結果只聽到母親一長串數落她不是的牢騷。這位案主的女兒發現外婆的情緒實在太令人反感了，拒絕再去看外婆。

我經常告訴案主：「別期望她會變成你一直想要的那種母親。她沒有能力愛人，永遠不會改變。」

另一種選項是限制接觸的頻率。我的一位網站訪客會寫卡片並在過節時短暫跟父母碰面，其他時間都避開他們。其他人在自戀型父母開始施虐時，明文規定可以接受的行為，同時縮短跟他們的互動時間。不幸的是，極端自戀者不太喜歡受限，他或她會把不如意的挫折當成一種攻擊，並轉為惡毒的回應。針對這種案例，我能提供的有用建議很有限，這總是會讓我感到難過。

要在與極端自戀者的關係中存活下來，意味著你要保護自己，免於繼續受到那些不尊重你也不尊重任何人的人所傷害，他們鄙視一般文明行為的常規。在我的經驗中，那通常意味著該斷絕關係。

透過心理治療，案主可能得花好幾年的時間，才能建立足以掙脫束縛的自尊和情感的力量。這個過程通常包括深刻的哀悼，即案主為從來不曾擁有愛他的父母而悲痛。

對於有孩子的讀者而言，遇到這種透過兒子和女兒來競爭的自戀型父母，應該是一種熟悉的經驗。如果我們的孩子剛好處於痛苦階段，或者我們對自己為人父母是否稱職有所懷疑時，這種經驗會比其他任何事都更令人苦惱。那些勝利、得意洋洋的父母，會讓我們感到更難過。在這種情況下，很重要的一點是，要記得，極端自戀者以你為代價，讓自己變成贏家，將羞恥感和無用感轉嫁給你，強迫你背負它們。最終，在不明就裡之下，你可能產生防衛心並且「反擊」，跟對方競爭起來，以證明你不是輸家。

我們將在第十一章進一步仔細討論，像這樣的競賽一點好處也沒有。應付這種爭強好勝的自戀型父母，就跟與極端自戀者交手一樣，最好的辦法就是遠離他們。

05

Narcissist

我要你需要我

□ 霸凌型自戀者

□ 自戀型父母

■ **挑逗型自戀者**

□ 浮誇型自戀者

□ 萬事通型自戀者

□ 自以為是型自戀者

□ 懷恨型自戀者

□ 成癮型自戀者

哈倫是由同行轉介給我的，而這位同行是他妻子的治療師。就在哈倫跟我聯絡之前，其妻子艾蜜莉剛發現他和兩人都很熟悉的一個人搞外遇。那個女人和她的丈夫就住在哈倫和艾蜜莉的隔壁；兩對夫妻常常一起參加社交活動。他們屬於同一個圈子，一群年輕的已婚夫妻，全都是專業人士的家庭，住在一個關係緊密的社區。哈倫和艾蜜莉的婚姻，以及他們的社交生活，如今都岌岌可危。

我們第一次通電話時，我感覺到哈倫對於心理治療並不感興趣，他只是因為妻子求他，才打電話給我。哈倫在電話上對我說：「她要我談一談為什麼要欺騙她。」他在約定當天準時出現在我的等候室，是一個有魅力且穿著體面的男人，帶著迷人的微笑。我請他進來辦公室。

哈倫用一種似乎有自信且自覺（self-aware）的姿勢，把他那件看起來很昂貴的大衣放在沙發的尾端，似乎很在意他給人的印象。他在我對面的椅子坐下，雙腳交叉，看起來沒有絲毫大多數案主第一次進行諮商時的不自在或焦慮。他還伸手拂去褲管上的一段線頭。

哈倫帶著一抹微笑說：「所以，你想知道什麼呢？」

對談開始後沒幾分鐘，就證實了我的第一印象：哈倫不想接受心理治療。他會來是應妻子的要求，他打算配合，但是沒興趣探討這起外遇的原因。我猜想，我們最多只會進行幾次諮商而已。在那一個小時裡，我花了大多數時間在問哈倫問題；他很願意回答，而且令人驚訝地坦率。他跟我保持很好的眼神接觸，似乎很享受有這樣對他的人生感興趣的旁觀者，顯然打算讓我滿意。雖然他對於我的專業見解不是真的感興趣，但是他很專心，而且明顯有用心參與。

他跟艾蜜莉「完了」——他是這麼說的。他說自己感到很罪惡，但是沒辦法，經過七年的婚姻，他感到無趣、悶死了。他的語調暗示他的感受完全可以理解，彷彿我會自然而然地同情他似的。隔壁鄰居瑪莉蓮一直都讓他分心，如今回想起來，他應該看得更遠才對（露出壞男孩的咧嘴笑），但是，當時他沒料到偷吃會被抓包。只因一點壞運氣就讓事情曝了光：瑪莉蓮的丈夫原本要出差，因為班機取消，無預警地回家，當場逮到他們亂來。

當哈倫告訴我，他被抓包的事時，給了我一個同夥般的微笑，好像我也會覺得那是件好笑的糗事。他似乎對於用了「現行犯」（flagrante delicto）這個詞感到得意洋洋。我並不贊同他的行為，但在不知不覺中就覺得他具有個人魅力。

他沒提到兩歲和四歲的孩子。最後我問他，他覺得離婚會如何影響孩子，而他聳聳肩地說：「他們會活下去的。每天都有人離婚。」

在回答我下一個問題時，哈倫告訴我，他跟瑪莉蓮外遇並不是第一次出軌。每當他出差時，都會跟其他女人碰面並上床。他還跟辦公室裡的好幾個女人搞曖昧。

他明顯自豪地對我說：「我可以引誘任何人。」接著解釋他的手法，總結起來就是一個很簡單的規則：讓她們的自我感覺良好。仔細聆聽，並且保持眼神接觸，提出一大堆問題，表現出你好像真的被她們要說的話吸引了。

他咧嘴地笑了笑說：「跟你做的事差不多。」

在那次的諮商過程中，我覺得哈倫好像也在試圖誘惑我，要我稱讚他的風格和把妹的無往不利，在某方面喜歡他，但是我知道，他對於我的個人或是專業毫無興趣。我是他的觀眾。

在我們的諮商結束後，我再沒也見過哈倫。

至少在那一刻，世界上其他人完全不重要

我可以引誘任何人。

多年來，我一直記得這句話。我遇過許多讓我想起哈倫的人，那些擁有某種魅力的男女令人難以抗拒，至少在他們想要引誘你的時候。無疑地，你一定也遇過這樣的人，他們可以「照亮整間屋子」，就像字面的意思那樣。他們是「有吸引力的」人，用一種引力引發我們的興趣。我們經常希望得到他們的注意，而當我們受到注意時，會感到受寵若驚。

魅力。

並不是每個有魅力的人都是極端自戀者，但是許多有魅力的人都欠缺對他人真正的同理心，並且受到膨脹的自大感所驅使，雖然他們在別人眼裡不見得是自我本位的人。相反地，他們其中有許多人就跟哈倫一樣，有一種讓其他人感到「自己很重要」的特別能力，而他們會利用這樣的技巧來操縱他人。極端自戀者在注意他的目標時，會讓這個人的自我感覺良好，讓對方想跟他進一步接觸。這個目標將不由自主地臣服於極端自戀者。

有些令人難忘的政治人物具有同樣的特質，有助於激起別人的效忠。小富蘭克林．羅斯福（Franklin D. Roosevelt）和羅納德．雷根（Ronald Reagan）都被形容是具有魅力的領袖。見過比爾．柯林頓（Bill Clinton）的人，即便原本不喜歡他，在跟他接觸後，都會對他的個人魅力留下深刻的印象。觀察家被問到柯林頓的魅力何在時，經常引述一個事實，他「對於見到的每個人都會給予全神關注」。[1] 他們都提到了熱情的眼神交會，柯林頓讓他們覺得在那一刻世界上的其他人一點也不重要。同時，他也給人一種他在乎的印象，透過他的聚焦和注意，打造一種與他人的共感連結（empathic link），讓對方感到特別，覺得自己就位於他的情感宇宙中心，至少在那一刻是如此。

我並非將魅力與自戀相提並論。許多人，甚至連最具魅力的政治人物，事實上都是關懷他人的，但是挑逗型自戀者只是在假裝有同理心而已。他們憑直覺知道，或是隨著時間推移而學會了什麼會讓其他人對他們「打勾」，並利用這個知識去操縱他人。提高自尊是他們的特殊專長。大多數人都希望感覺到自己是吸引人的，值得受到注意和關注。當另一個人跟我們有相同的感覺，並證明那些感覺正確，大多數人都會很享受這種情況。挑逗型自戀者在滿足我們的願望時，邀請我們加入他的互相讚美協會，他對我們投以著迷的眼神，迫使我們用讚美回報他。

換句話說，挑逗型自戀者訴諸於我們本身的自戀，以獲取他想從我們身上得到的東西。這個交易很含蓄，沒有說出口：「如果你同意對我抱持相同的感覺，那麼我會讓你感覺你是一個特別迷人的人，魅力無邊。」不同於把羞恥感轉嫁給你，想盡辦法讓你對自己不滿意的霸凌型自戀者，挑逗型自戀者想提高你的自尊，要你感覺像是贏家，這樣你也會把他看成贏家。你通常要等到為時已晚時，才會明白他表現出來的興趣與稱讚都是假的，但是你給他的卻是真誠的。

蒂娜．史威森（Tina Swithin）談到她跟一個挑逗型自戀者結婚後又離婚的悲慘故事時，描述了她「對一個現代白馬王子一見傾心」的狂喜。[2]她認識塞特（Seth）後，在兩人開始約會之前，塞特就在當地的水療中心為她購買了一整天的套裝行程，因為她「值得」被寵溺。他送花到她上班的地方，附上字條寫著：「我希望這一天就像你一樣美麗。」在他們首次約會前的電話通話中，塞特告訴她：「任何男人讓女人付晚餐的錢，就犯了最基本的錯誤。」[3]

在蒂娜和塞特的關係中出現的第一個「警訊省思」（Red Flag Reflections）是，她納悶著塞特是不是好得太不真實了。的確如此！她跟塞特才剛認識，他就聲稱知道蒂娜「值得」寵愛。他說她美麗動人，保證不會讓她出錢，這全出自一個陌生人之口，而且極為誘人。塞特讓蒂娜覺得她是一個美麗又難得一見的人，值得特殊的對待。他暗示自己會照顧她。所以，果不其然，她愛上了他。

從許多方面來說，浪漫的愛情是一種半幻想的心態，兩個人都同意彼此是世上最具魅力、最吸引人的人，成為彼此宇宙的中心。嬰兒時期，我們的父母（但願如此）給予我們無條件的讚美，然而，其他人也會以同樣著迷的方式看待我們，彷彿我們是完美無暇的嗎？著迷是一種令人陶醉的酒，當兩個人將彼此美化，就是這種感覺。像塞特這種挑逗型自戀者，會了解並利用這種包含在浪漫愛情裡的隱晦交易，即便他不見得是故意為之。他崇拜他人，是為了激起他人愛慕他。

要求陷入愛河的人對於對方真實的模樣，保持審慎和現實的觀點，似乎有點強人所難。聽到別人說你是如此特別，值得被寵愛，這感覺實在好極了，即使你應該知道你沒有比他人更值得受寵。收到花束、被稱讚長得美麗、聽到你即將被好好照顧，都讓人感覺好極了。

蒂娜大有理由可以懷疑塞特的真心誠意，但是她想相信他說的話，想把自己當成他形容的那種人。塞特訴諸於蒂娜的自戀，邀請她將塞特美化以做為回報。就像許多挑逗型自戀者一樣，塞特對蒂娜的讚美只能維持在蒂娜對他沒有批評的情況下。幾年後，當她訴請離婚時，他變得很惡毒，打算要毀了她，表現出懷恨型自戀者的特徵（我們將在第九章探討這個主題）。

另一個挑逗型自戀者是我的案主茱莉亞，她對於交往的男性採取類似的手段，但是沒變得惡毒。當讚美的藥開始失效，或者對方對她要求太多的話，她就會甩了他。

令人心碎的人

在我們剛開始進行諮商時，很難理解茱莉亞來接受治療的真正原因。她抱怨有一種模糊的空虛感。她看到身邊的人都很享受生活中的許多事，但是她卻幾乎找不到任何樂趣。她不曾有意識地感到沮喪，卻總是覺得人生沒意義。依照我的經驗，人們往往在無法承受情感上的痛苦時，才會去尋求專業的協助。但茱莉亞卻看似是出於無聊才這麼做。

她是個二十多歲的漂亮女子，暫居在美國的英國人。她通常都是從任職的律師事務所直接過來諮商，她的工作是櫃檯接待員，而她形容自己是花瓶。當我看到她的時候，她穿著時髦，妝容完美，外表整潔。即使有少數幾次的諮商排在休假日進行，她的樣子依舊沒變。她告訴我，律師事務所有很多律師想約她出去，我發現這件事的可信度很高。憑著她的英國腔、美貌，加上相當精明的模樣，的確十分迷人。

茱莉亞當櫃檯接待員的薪水並不高，但是那並未限縮她的生活型態：她從來不缺熱切想帶她上高檔餐廳的男人。他們也會帶她上劇院、看芭蕾舞表演，或者來一趟週末水療之旅。茱莉亞很清楚，對於某一類男人而言，她是絕佳的女伴，可以讓他的自我形象完整。當他挽著一個美麗迷人的女性，就知道自己會看起來活力十足又很成功。其他男人會將他視為贏家，可能也會嫉妒他，好奇跟茱莉亞上床是什麼感覺。

就床事而言，茱莉亞讓約會對象覺得他們是了不起的性愛運動員。雖然她向我承認，除了自慰之外，她不曾經歷過高潮，但是她告訴所有男人，他是第一個讓她體會到這種快感的人。她會坦承自己並非欠缺經驗，但是在遇到對方之前，從來沒有一個男人將她帶到那個解放點。在她跟男人發生「關係」的初期，她總是讓對方以為她永遠不滿足，但事實上，她對性事興趣缺缺。

透過我的敘述來看，茱莉亞似乎自私又狡滑，但是她在諮商過程中給我的感覺卻不是這樣。她看似憑直覺行動，並非故意要利用那些男人，而是受到內在的某種需要才那麼做。她不會在事前規畫行動，或是去策畫如何得到想要的東西。事實上，她看起來毫無目的。在最實質的層面，她的整個性格看起來像是專門只為了挑起男人的欲望。她不會公然搔首弄姿，但是當她的眼神鎖定一個男人，就會全心全意地關注他；她有一種讓對方感到自己很重要的天生能力。

雖然我足夠了解自己和茱莉亞的那股動力，能辨認出這種模式，但有時候她對我也會起相同的作用。隨著我們的諮商持續進行，茱莉亞變得愈來愈活潑風趣，生動地分享她的風流韻事。當我提出見解時，她經常表現出深深的謝意，彷彿我是世界上最棒的心理治療師！她在不自覺的情況下，想讓我對自己的感覺良好，同時讓我為此渴望跟這個女人有更多接觸。但我一直謹記著，她在某個層面相當不快樂，這種挑逗人的行為，很可能是她用來對抗某些我們還沒觸及的無意識痛苦的一種防衛方法。

可想而知，跟茱莉亞交往的男人往往都會愛上她，而且會逐漸堅持要求確保他們的關係是「唯一」。有好幾個人要求跟她同居，表明願意資助她，其中有些人還求了婚。但在男人想要占有她的那一刻，茱莉亞就會跟他分手。她不會用殘忍的方式，而是用最明顯的藉口分手：「我還太年輕，不打算結婚。我只是暫時待在美國，沒必要太認真。」茱莉亞傷了很多男人的心。

到目前為止，我提到的極端自戀者大多來自不穩定且有暴力的家庭背景，茱莉亞的童年則因為一樁痛苦難忘的事件而蒙上了陰影。在她六歲時，父母到海外旅行度二次蜜月，結果母親因車禍喪生。雖然她的父親存活下來，卻有好幾年都走不出喪妻的悲傷，因為他們的婚姻曾是如此美滿。茱莉亞發現，當父親因為悲傷而不見人影時，自己大多由不同的保母照料。在茱莉亞十幾歲時，父親終於再婚了，但是茱莉亞從未喜歡過繼母，常用「那個肥母牛艾倫」稱呼繼母。

我跟茱莉亞的諮商治療持續不到一年。在她決定回倫敦時，我們在探索她誘惑人的動機上，達到了一點點有限的進展。雖然我認為她想回英國，可能是想逃離我們深入的探索，害怕面對她的痛苦，但她提出幾個有說服力的論點，讓她的回國決定看起來是務實之舉。她說的話，讓我想起她跟求婚者分手時所給的理由。在我們最後一次諮商結束，握手道別時，她對於我的協助表達溫暖的謝意，還說她會想念我。對於我們的諮商劃下句點，我感到有些遺憾。

如果說母親過世是造成茱莉亞日後自戀行為的原因，是過於簡化的因果解釋。然而，早年不幸喪母這件事，一定扮演了重要的角色。她從很小就學會了，你愛的人有可能突然消失，或許一開始就不要讓他們變得重要比較好，不要讓自己需要他們比較好。也許藉由誘發他人的欲望，你可以避免感到無助及陷入危險，而當你後來拋棄他們，是他們會感到受傷和無助，而不是你。

霸凌型自戀者是將羞恥感轉嫁出去，並且強迫受害者替他扛起來，靠著戰勝輸家來證明自己是贏家。挑逗型自戀者則將需求和欲望投射到他人身上，讓自己覺得強而有力，在過程中幾乎是無敵的。茱莉亞訴諸於約會對象的自戀心態，讓他們覺得自己是厲害的性愛運動員，喚起他們的強烈欲望。受到他們的愛慕，讓茱莉亞確認了自己高人一等、刀槍不入的自我感覺。雖然她沒用到這個字眼，但我確定她自認是個贏家。當她提到那些男人時，我經常能察覺到背後帶著輕蔑的語氣，彷彿他們都很脆弱、沒用且容易操縱，也就是輸家。

挑逗型自戀者也在無意識層面逃避核心羞恥感（即感受到一個人的發展扭曲了，留下一種內在出錯的信念）。六歲時就失去母親，而父親在那之後多年都沒有顧及你的情緒，這當然不是成長過程的常態。我將這種源自創傷性失落的心理影響視為羞恥感，或許乍看之下令人感到不解。

唐納德．納森森（Donald Nathanson）在談論羞恥感和自尊心的重要著作中，將羞恥感定義為「當正向情感（如興趣或樂事）被打斷或縮短，導致了落空的期待（disappointed expectation）」。[4] 納森森的書籍主要是寫給專業讀者閱讀，有時充滿了晦澀難懂的情感理論（affect theory）語言。若要了解他將羞恥感形容為正面的情感被打斷是什麼意思，可以參考出自《安娜・卡列妮娜》（*Anna Karenina*）的一個段落。

吉蒂（Kitty）和佛倫斯基（Vronsky）在舞會中跳舞，直到這一刻之前，吉蒂都認為自己愛著佛倫斯基，也覺得他們彼此相愛：「吉蒂看著他近在眼前的臉，經過了好久，在好幾年之後，她的表情仍充滿愛意，但是他卻毫無反應，這讓她傷心且覺得丟臉。」吉蒂深情地凝視著佛倫斯基的臉，但他並沒有相同的反應，這個經驗讓她產生一種久久揮之不去的羞恥感。

自從我第一次讀到這段描述後，就想到核心羞恥感是一種未得到回報的愛。也許你曾有過愛一個人，甚至可能已經告白，卻發現對方沒有回應的經驗；也許你嘗過被告知「我只想當朋友」的羞辱感。之後，你可能不讓朋友知道這件事，怕他們會用同情的眼光看你，或者更糟的是，只是看笑話，說些風涼話。

對另一個人抱有喜悅和愛意，卻發現那只是自己一廂情願，這是一種痛苦的經驗。有一段被稱為「面無表情實驗」（Still Face Experiment）的影片，深刻描繪出那種經驗有多麼令人痛苦。如果你還沒看過，我強力推薦你現在就去看，可以在 YouTube 網站上找到。如同吉蒂的深情凝視遭到佛倫斯基漠視，當嬰兒的微笑和姿勢引不起母親的反應時，很明顯會讓嬰兒發狂。用情感理論的語言來說，當嬰兒的正向情感（納森森提到的「興趣—興奮」或者「享受—喜悅」）因母親未能給予回應而受到中斷，結果就是「情感羞恥—蒙羞」。也許你會將嬰兒的感受看成是單純的挫折，但是別忘了，挫折意味著一種落空的期待，就如同「我感到挫折，因為我無法如預期那樣輕鬆學會這些內容」。

如果我們將這個嬰兒前語言期的經驗化為語言的話，或許可以這樣表達：「為什麼媽媽對我的微笑沒回應？這個感覺真的很糟。是我做錯了什麼，讓她不再給我特別喜悅的表情嗎？」孩子常常會因為父母失職而責怪自己，彷彿他們不被愛是因為自己做錯了事，或者基本上他們就不討人喜愛。由於所有母親很自然地都會愛自己的孩子，所以如果你的母親缺乏母愛，該怪的人就是你。雖然沒有合理的根據支持這個看法，但孩子也經常因為父母過世而責怪自己，可能覺得父母會死亡是因他們很壞或是不配擁有父母。

回到茱莉亞的案例，她的母親太早過世，是對正向情感的終極阻礙，讓她逐漸產生核心羞恥感。茱莉亞可能覺得自己要為母親的死亡負責，好像只有因為她自己不配擁有母親，才能「解釋」這種痛失至親的情況。為了阻擋這種痛苦（而且大多是無意識的）缺陷感，茱莉亞丟棄貧困、脆弱的自我，發展出這種防衛性的自戀人格。她顯然對任何一個「受害者」都不具備同理心。儘管她不算是太過浮誇自大，但仍相當有優越感，認為自己有權為所欲為地去利用那些人。

早年不幸喪親的情況，或許能解釋另一位常被形容是自戀者的名人之行徑。流行音樂偶像瑪丹娜（Madonna），年僅五歲時就失去母親。自此她的人生故事包括了引誘許多她覺得可以利用的男男女女，並且在利用之後就無情地踹開他們。

拜金世界的自戀者

瑪丹娜在走紅之後曾說：「我們在人生中無論如何總是會被某些東西傷害，然後耗盡餘生來回應它，或去處理它，或試著把它變成別的東西。」對瑪丹娜而言，喪母之痛「讓我產生一種孤獨感，並且十分渴望某個東西」。她還說：「如果我沒有那種空虛感，我的動力不會那麼大。她的死對於我的影響很大，在我克服心痛之後，我想，如果不能擁有母親，我真的要變得很強大，我得照顧自己。」[5]

根據「客體關係理論」（object relations theory），自戀者發現到需求和依賴的經驗讓人難以忍受，於是發展出一套心理防衛機制，體現一種極端形式的反依賴。[6]「我不需要任何人。我可以照顧自己，因為我已經擁有所需要的東西。」在上一段中，瑪丹娜似乎承認，難以承受的喪母之痛，點燃了她想成名的野心。我們能夠想像，她在五歲時就失去母親，會感到多麼痛苦及無助。瑪丹娜在反抗那個痛苦，努力逃避渺小與無助的感覺，發誓要「統治世界」。[7]

客體關係理論聚焦在需求和依賴的問題來說明自戀，而我們探討的是羞恥感的領域：挑逗型自戀者經常把自己的需求和渴望的感覺，視為羞恥感的來源。在無意識的層面（有時是有意識的），他們畏懼情感依賴的經驗。挑逗型自戀者不去感受需求或依賴，反而是努力讓其他人需要他們，如此一來，既可擺脫他自己難以忍受的欲望，同時也能操縱及控制其他人。

我的案主茱莉亞利用交往的對象，讓她過著超越個人收入所能負擔的生活。瑪丹娜利用他人，其中大多數是男性，助長她的巨大野心。她經常與工作上密切合作的男人談戀愛，而這男人有助於她往上爬。在一九八〇年代初期，當瑪丹娜捨棄當舞者的抱負後不久，丹·吉洛伊（Dan Gilroy）歡迎她進入他的房間、他的心和他的樂團。瑪丹娜從吉洛伊的身上學到一些樂器的基本知識，以及如何配合身後的樂師，站在觀眾面前唱歌之後，就甩了他，沒有讓他參與自組的樂團。

吉洛伊在日後如此評論道：「至少可以說，要當她的男朋友很難。你知道她不可能忠實。總有一大堆其他男人在排隊等著她，而每個人對於她的人生都有不同的用途。當她跟我結束關係時，就是永遠結束了。」[8] 後來，瑪丹娜的另一個男朋友馬克·卡敏斯（Mark Kamins），將她介紹給華納兄弟唱片的一位年輕主管，在由卡敏斯擔任專輯製作人的共識下，幫她敲定了第一份唱片合約，但瑪丹娜卻甩掉卡敏斯，找了另一位更有名的製作人。

艾瑞卡·貝兒（Erica Bell）用直白的措辭形容瑪丹娜的一貫手法。別忘了，這個形容出自她的老朋友，而不是被拒絕的愛人或敵人。貝兒說：「她誘惑人們，她說你想聽的話，奉承你，巴結你，讓你覺得你是她人生的一部分。她是一個聰明女孩，她知道如何隨心所欲……然後，當你幫她鋪好路之後，她會將你吸乾抹淨。」[9] 繼吉洛伊和卡敏斯之後，瑪丹娜勾搭上約翰·貝尼特斯（John "Jellybean" Benitez，綽號雷根糖），他是哈曼頓頗具影響力的DJ，幫她的第一張專輯收尾，加入〈假日〉（Holiday）這首歌。他們變成戀人，後來訂了婚。

在他們有婚約的那段期間，瑪丹娜開始跟紐約一家小型但頗具影響力的雜誌社的編輯史提夫・紐曼（Steve Newman）約會。在他把瑪丹娜放上《Fresh 14》的封面後，兩人開始發生性關係。紐曼告訴瑪丹娜，如果她無法忠於他，就不想跟她交往，她給了他想要的再次保證（雖然她仍跟貝尼特斯有婚約）。她告訴紐曼：「當然囉！全世界我最想要的就是這段關係。」[10] 妒火中燒的貝尼特斯，一整晚都在找未婚妻，最後在紐曼家找到她。他硬闖進門，引發暴力場面。

根據紐曼的說法，瑪丹娜與貝尼特斯起了激烈的爭執，她對著他尖叫，大聲嚷嚷地說：「如果不是我，你今天還是個無名小卒。是我造就了你，雷根糖。你在我出現之前，根本一文不值，是我改變了你的人生。」[11] 在貝尼特斯終於離開後，瑪丹娜要求紐曼原諒她，說她愛他，而且只愛他一人。然而，幾個月之後，瑪丹娜終於成功了，她告訴紐曼，兩人的關係結束了。「你是那個沒沒無聞的窮作家，對吧？但我是瑪丹娜，我一年賺多少？二十五萬？而且明年，我將會賺進十倍的錢。」

「你想要的一切，就是成功和金錢嗎？」紐曼問道。

「對，沒錯。」她回答道：「既然你提起了，是這樣沒錯。」

瑪丹娜的傳記作者藍迪・塔拉普雷利解釋道：「她職涯的每一步都是一次色誘，一個人接著一個人被她誘惑，聽命於她。」[12] 瑪丹娜色誘的對象不僅限於男性。她的前經紀人卡蜜兒·芭邦（Camille Barbone）是最早認可她具有絕佳天賦的人之一，預言瑪丹娜將會一飛沖天成為巨星。芭邦將瑪丹娜簽到她的經紀公司旗下，每週給她零用錢，幫她租了公寓，而且好像愛上了她。儘管她們兩人並未發生性關係，但瑪丹娜讓芭邦覺得這份感情是互相的。

芭邦說：「她從心理上誘惑我。」[13]「她盡可能地在各方面把你吸乾抹淨，然後再去找下一個受害者。」芭邦相信瑪丹娜「不是故意那麼惡毒，只是沒有能力用其他人的觀點來看待人生。她想要什麼就一定要得到，如果你不給，她就會轉過身不理你」。雖然芭邦在瑪丹娜毀約並拋棄她多年之後，聽起來仍有些痛苦，但是她對瑪丹娜的評論帶著同情，透露了這位明星的欲望來源：

> 那全跟她的母親有關，跟她的死亡有關，跟瑪丹娜在母親過世時感到遭受重擊有關，她從來不想跟自己的情感做連結。所以，她在別人離開她之前就先離開別人，就像她的母親一樣……她的母親是一切問題的原因。[14]

在我的案主茱莉亞六歲時，她的母親死於一場車禍，而瑪丹娜的母親在女兒五歲時就死於乳癌。雖然自戀的起源無法追溯到單一相同的家庭背景，但令人驚訝的是，不少極端自戀者都在早年歷經過某種創傷或失落。就像我們在第三章看到的，藍斯．阿姆斯壯的父親在他不到三歲時就拋棄他。還有，我們將在第七章看到，史蒂夫．賈伯斯（Steve Jobs）的父母把還是嬰兒的他送給別人撫養並一走了之，而他的朋友和傳記作者都說，這個事實清楚解釋了賈伯斯的自戀人格。

從這些敘述看起來，瑪丹娜似乎冷酷、無情又愛操縱他人，但她真的相信自己愛上了許多被她利用的人。不像我的案主茱莉亞對於約會對象大多不感興趣，瑪丹娜很容易就迷上新認識的人（也很容易幻想破滅或感到厭煩）。許多挑逗型自戀者會為他們視為理想伴侶的人神魂顛倒，因為這個伴侶可以補足他們美化的自我形象，但當對方開始露出缺點後，他們就不愛了。

這種浪漫愛情反映出對另一個人的真實覺察和了解太少了。由於極端自戀者欠缺同理心，並經常迫使其他人去背負討厭的羞恥感和欲望，很難認清其他人是獨立的個人，有自己的內心世界。當他們戀愛時，所感受到的對象比較像是自己的投射，而不是另一位個別的人。他們傾向把另一個人美化，至少短暫地期望對方也把自己美化。

你很完美，而你對我的愛證實了我很完美。我們在一起，完美極了。

在蒂娜．史威森和自戀求婚者塞特的關係剛開始時，塞特很可能相信自己愛上了蒂娜。他眼中的蒂娜，美麗、值得疼愛又很優秀；當蒂娜以熱烈的愛情回報他時，也讓他證實了心中那美化的自我形象。當然，這個理想人物事實上並不存在，真相必然會隨著時間而顯露出來。對大多數人而言，初期美化的浪漫愛情，在更了解另一個人的缺點和一切之後，會發展成更現實的一種愛情。但對挑逗型自戀者而言，一旦缺點變得明顯，愛情可能突然就被漠不關心、輕蔑或甚至恨意取代。

甚至到了這時候，挑逗型自戀者仍然無法用實際條件去看待另一個人，把對方視為獨特的個人。他不再把對方看成「好極了」，而是「糟透了」，是丟臉到家的輸家，於是，原本被捧上天的對象變成了垃圾。

也許你有那種不斷更換伴侶的朋友，他們很快就跟某人陷入熱戀，但幾個星期後就幻想破滅。他們一開始提到新戀人時，可能熱情洋溢，但當戀情結束後，語氣就變得不屑。有時候，這些人會經歷有如躁鬱症的階段，剛戀愛時帶著強烈的躁狂，在戀情告吹後陷入憂鬱。如果是被對方拋棄，這個情場老手會覺得自己像是輸家，他或她的憂鬱通常帶有核心羞恥感。情場老手不見得一定是極端自戀者，但是這種戀愛肯定是自戀型戀愛，它涉及用追求完美來擺脫羞恥感。

就像我的案主茱莉亞一樣，許多挑逗型自戀者很會抵禦羞恥感，他們看起來泰然自若、很有自信，談感情時位居上風，不會真正動情。但其他人則永遠存在可能意識到羞恥感的風險。對於心理價值（psychological value）不高的人而言，挑逗型自戀者可能看起來一直都很有自信，甚至是自大、高人一等。但對於他們主要賴以維持自我感覺的人而言，挑逗型自戀者可能看起來非常沒有安全感。他們也許一直糾結於懷疑自我的價值，必須要不斷聽到別人說愛他們。

透過用心打造的人物設定，流行音樂偶像瑪丹娜看起來超級有自信。身為藝人，她對社會習俗表現出一種無禮的自信敵意，似乎老是在說：「儘管不同意吧！我不在乎你怎麼想。」相較之下，在她的私生活（雖然她利用戀人，無情地拋棄他們），她經常很黏人且沒有安全感。她要她的男人不斷保證會愛著她。當她不知道愛人的行蹤時，會奪命連環call，一個小時內打十次、二十次、三十次電話。有一次，她在演唱會前哭到柔腸寸斷，除非當時的男朋友卡洛斯．李諾（Carlos Leon）回電話給她，否則她拒絕上臺表演。

你可能很難將這樣的沒安全感與她的極端自信連結在一起，但其實這是同一枚情感硬幣的兩面。那個極度泰然自若、魅力十足，「我要統治世界」的瑪丹娜，展現了一種對抗潛在弱點的防衛。她不斷利用他人來支撐她的防衛，必須要在表演模式下得到他們的讚美，或是當她的恐懼和需求出現時，要求他人讓她安心。無論是哪種情況，另一個人都不是一個有感情、有自己需求的個人，只是一個用來支撐她脆弱的自我感覺的支柱。

極少人能如此近距離地瞥見瑪丹娜的脆弱。大多數跟她在生活上有交集的人，都把她看成是獨特、優異、注定要出人頭地的人。她的高中戲劇老師如此形容：「當聚光燈打在她身上時，她神奇極了……無論如何，她一定會在某方面成名。我看到她在舞臺上充滿活力的個性和非凡魅力，心裡總會想，『喔，這是必然的，不是嗎？』」[15]

我的案主茱莉亞的光芒小一點，但也具有相同的特質。我在本章開頭提到的諮商一次的案主哈倫也一樣。「非凡魅力」是一種與他人連結，以及影響他人的能力，同時也散發出一種提高個人重要性的印象之能力。我指的不一定是自大或虛榮。有魅力的人，讓世人相信他們是特別或獨特的，具有其他人欠缺的個人本領和能力。儘管魅力十足的人不見得會讓其他人覺得自己是輸家，但是他們總是被視為世上的贏家。誰不想當魅力非凡的人呢？

相較於霸凌型自戀者讓被霸凌者覺得自己是輸家，將被霸凌者排除於精英社交圈之外，挑逗型自戀者則是邀請觀眾加入他的贏家圈子，或者至少站在邊緣，沐浴在他的不凡所映照的光芒中。他讓其他人相信他就位於他們獨特的宇宙之中心，驅使他們想接觸他，想向他看齊，分享他的優越。一九八〇年代，作家約翰．斯考（John Skow）提出「想當瑪丹娜」（Madonna Wannabe）這個詞，形容年輕女孩想打扮得跟瑪丹娜一樣。[16] 許多認識茱莉亞的男人，都想要接近她、擁有她，以證實自己是贏家。哈倫也有一種不可思議的能力，可讓女人乖乖聽他的話。

一般而言，在政治圈中，魅力領袖對於大眾也有類似的作用。哲學家馬克斯．韋伯（Max Weber）最早形容這種現象，將非凡魅力定義為一種「個人人格的特有能力，藉此與一般人有所區別，讓人們將他視為被賦予了超自然、超人類或至少是特別不凡的力量或本領」。[17] 邪教領袖對於追隨者也有類似的影響力。對於信眾來說，他看起來擁有「特別不凡的力量或本領」，讓他具有不可思議的說服力。

美國連續殺人犯查爾斯・曼森（Charles Manson）對於他的「家族」影響力如此強大，甚至說服他們用殘忍的方式謀殺了許多無辜者。一九七八年，吉姆・瓊斯（Jim Jones）說服了「人民聖殿農業計畫」（Peoples Temple Agricultural Project，又稱「瓊斯鎮」〔Jonestown〕）的九百名成員去自殺（雖然有證據顯示一部分人是被迫的）。位於德州瓦科（Waco）的邪教「大衛教派」（Branch Davidian）的魅力領袖大衛・柯瑞許（David Koresh），帶領信眾與聯邦調查局（FBI）和菸酒槍炮及爆裂物管理局（ATF）進行了五十一天的對峙，最終導致超過七十五名男女和兒童喪命。

將這些人（領袖和信眾）全都視為「瘋子」是很容易的，但這麼做的話，就把他們歸類到完全不同的「另一方」，可能忽略了我們與他們之間的共同點。人類所具有的強大且普遍的願望是：相信有人能夠提供解答，即使我們自己並不知道答案。我們想要被人領導，而且信賴領袖，認為他們很清楚知道要帶我們前往何方。對許多人來說，相信他們可以把自己對事物的疑問和選擇的責任，交給知道真理的特殊教派的某個人，因為那個人看起來很有把握，也知道該怎麼辦，這是很誘人的。

想要尋找「擁有超凡力量或本領」的領袖，似乎是人類的一種天生需求。這說明了為什麼即使有過去的領袖讓我們學到教訓，我們在一次又一次的選舉中，仍相信所支持的候選人是獨一無二的，最終會帶來真正且持久的改變。在許多方面，挑逗型自戀者、魅力政治人物和邪教領袖，都成功地對我們施加影響力，因為在某個層面，我們急於把那個權力交給他們。

我們將在第七章再回到這個主題。

如何應付挑逗型自戀者

遇到挑逗型自戀者是一種特別的挑戰，因為他們經常讓我們的自我感覺良好，以至於我們起初看不出來他們是那樣的人。不同於霸凌型自戀者會讓我們充滿羞恥感和自卑感，挑逗型自戀者會提高我們的信心。他或她讓我們感到自己很特別、很漂亮且極有魅力，彷彿我們也是這個世界上贏家的一分子。想有效應付挑逗型自戀者，我們必須很了解自己，緊緊掌握自己的自戀傾向。

當某人愛慕我們，讓我們覺得自己迷人又值得獎賞之時，很少人能擋得住這種吸引力。有些人的父母在最初任務（即給予我們大量喜悅的愛，讓我們覺得自己位於他們的情感宇宙中心）的表現上就不及格，對這些人來說，特別難以抗拒挑逗型自戀者的誘惑。我們一生都在渴求某些錯過的感受，最後我們看似找到它了，於是縱身投入。當塞特送花給蒂娜．史威森、買水療套裝行程給她，我相信她一定覺得自己中了頭獎。不會有中獎者拒絕領獎，沒有幾個人在她的處境下會說：「我真的沒有你想得那麼特別、值得獎賞。我們甚至還不太了解對方。」

面對挑逗型自戀者的迷人魅力，我們很難保持深思熟慮和慎重，尤其在現今這種會美化看似擁有一切的贏家和名流的文化下，很難抗拒那個讓我們覺得自己就像搖滾明星的人。就如同蒂娜．史威森所說：「如果事情好到難以置信的話，他們可能就是自戀者。」[18]美化有一個可怕的對立面；「你很完美」可能會突然變成「你一無是處」。讓你覺得自己像是贏家的挑逗型自戀者，一旦跟你玩完了，就會讓你覺得自己是輸家。

雖然這會讓我聽起來像是掃興鬼或說教的父母，但我的建議是：應付挑逗型自戀者的最好辦法，是保持審慎；別相信突然而至的迷戀；對於那個還沒認識你的真實面貌之前就將你美化的人，抱持懷疑。

在更大的意義上，我們需要抗拒將世界分成贏家和輸家，以及暗示「享有一切是可能的」的文化訊息。大多數人在某種程度上都受到這個訊息所影響，挑逗型自戀者利用這個影響，讓你把他看成贏家。當其他人「好到難以置信」時，請抱持懷疑的態度。而且，你也得抗拒自己想要美化的強烈欲望，尤其是當你發現自己覺得只要跟某人親近，人生就會有戲劇性的變化時，更要克制。相信「你的痛苦和個人的掙扎，將因為接觸某一位看起來從容自在、胸有成竹的人，就能得到解決」，是很誘人的事。當這個人說出「從此幸福快樂」的承諾，實在令人難以抗拒。

但別欺騙你自己。完美的幸福並不存在，任何說要給你完美幸福的人，很可能是出於他自己的自戀目的而利用了你。

06

Narcissist

我是世界之王

- □ 霸凌型自戀者
- □ 自戀型父母
- □ 挑逗型自戀者
- ■ **浮誇型自戀者**
- □ 萬事通型自戀者
- □ 自以為是型自戀者
- □ 懷恨型自戀者
- □ 成癮型自戀者

魅力領袖散發一種能激發信心的自我形象。他們認為自己是不同於凡夫俗子的卓越人種，透過他們的說服力，其他人也用相同的眼光看待他們。健康的自戀是一股好的力量，所具有的自我形象將會反映出對於一個人的力量與能力的信賴。「**我知道我是誰，我很確定該採取什麼行動，而且有信心可以達成目標。**」

然而，認為一個人優秀非凡、高人一等，透露了一種脫離現實的防衛性自我感覺，則是一股破壞力，屬於極端自戀的一種。邪教領袖為了逃離核心羞恥感的感覺——覺得自己渺小、貧窮、有缺陷——選擇逃避自己，躲在浮誇的自我形象裡，以證明所有傷害都不是真的。「**我沒有缺陷。我是超級重要的大人物。**」第五章提到的邪教領袖，查爾斯·曼森、大衛·柯瑞許、吉姆·瓊斯，全都有著可怕的家庭背景，也就不令人意外了。

查爾斯·曼森的母親生下他時才十五歲，並在他四歲時入監服刑五年。大衛·柯瑞許的母親同樣也是在十五歲時未婚生子，而柯瑞許從來不認識他的父親，主要是由祖父母帶大。在吉姆·瓊斯的童年時期，雖然父母都在身邊，但是酒精成癮的父親因為在一次世界大戰期間受傷而導致失能，全家住在沒有抽水馬桶的破木屋；而他的母親以為自己生了救世主耶穌。他們三人都拒絕承認早年的創傷，以及創傷帶來的心理傷害，最終自認為優秀非凡、高人一等，投射出浮誇的自我形象，說服了其他人聽命於他們。

這些邪教領袖看起來是位於自戀光譜的末端，比較符合「反社會人格違常」（Antisocial Personality Disorder）的特徵，不過，並非所有浮誇型自戀者都是如此心理不正常。其中有許多人過著相對平穩的生活，並且藉由相信自己不同凡響，闖出了一片天。許多浮誇型自戀者投身於政治、專業運動和娛樂圈，因為在這些行業成功，讓他們有充裕的機會可以展現贏家地位，獲得他人的讚賞，確保他們的防衛性自我形象是一位優秀的人。

在推崇名流的文化下，這種浮誇型自戀者即使行為惡劣，也常常能逃過懲罰。他們在攝影機前和大眾眼前，表現出自大的自我感覺：違反社會規範、觸法、暴怒，但造成的後果很小。粉絲原諒他們，法官對他們輕輕放下。對於剛萌芽的自戀者，如果父母未能在他們到適當年齡時，限制其自大的言行，那麼浮誇型自戀者在展現對他人的不尊重時，就無法看清楚事實，也不會注意自己的極限。他反而覺得自己有權如此，可以為所欲為。

嘻哈音樂歌手肯伊・威斯特（Kanye West）的行為，就是一個特別明顯的例子。

在二〇〇九年MTV音樂錄影帶大獎頒獎典禮上，當泰勒絲（Taylor Swift）發表最佳女歌手音樂錄影帶獎得獎感言之際，威斯特衝上臺去，搶走她手上的麥克風，開始稱讚他認為應該得獎的錄影帶作品：碧昂絲（Beyoncé）的〈單身女郎〉（Single Ladies）。威斯特已經有多次在頒獎典禮上表現惡劣的前例。二〇〇四年全美音樂獎，他在最佳新人獎項輸給鄉村歌手葛蕾．威爾森（Gretchen Wilson）後，便直接走人。兩年後，在二〇〇六年MTV歐洲音樂獎頒獎典禮上，他在最佳嘻哈音樂藝人獎項失利後衝上臺，夾雜粗話叫嚷了一陣子。

然而，肯伊．威斯特的名聲和人氣並未因此受損。粉絲崇拜他，繼續買他的音樂：在二〇一四年一月，他的第七張專輯拿到白金唱片。他有什麼理由需要改正？

肯伊．威斯特透過歌詞、接受訪問和公開聲明，過度頌揚自己的優越性，在文化圈中，許多觀察家因為他的不良品行，將他貼上「自戀者」的標籤。他的自戀反映在全然的自大上，有時候看起來有如脫離了現實。例如，他在接受《紐約時報》（*New York Times*）採訪時，自詡為下一個賈伯斯，是引領社會趨勢的重要網紅：「我將成為價值數十億美元公司的領導人，因為我知道解答。我了解文化。我就是核心。」[1]

這種自大通常伴隨著特權感：「**我比其他人更厲害，不適用他們所奉行的規範。**」

我有權按照自己的意思行事，不管它如何影響到其他人；我想要什麼，都應該如我所願。」珍．圖溫吉（Jean Twenge）和基斯．坎貝爾（Keith Campbell）在《自戀時代》（*The Narcissism Epidemic*）一書中主張，美國年輕人普遍有膨脹的自我價值和特權感。[2]肯伊．威斯特這類的浮誇型自戀者，就是以誇張的形式表現出這些特徵。

威斯特有足夠的天分和動力，可以打造出在某個程度上呼應他膨脹的自我形象的事業，但是許多浮誇型自戀者的成就都很有限，他們困在夢想的世界裡，沒辦法或是不願意為真正的進步付出，朝目標前進。

你是下一個美國偶像

我從多年前開始跟妮可進行諮商，因為她的精神科醫師認為她需要的是密集的心理治療而不是藥物，便將她轉介過來。十八歲的她憤怒又沮喪，濫用藥物，還用刮鬍刀自殘。她飽受令人衰弱的失眠所苦，每晚睡不到幾個小時。她有性別認同的問題，懷疑自己會不會是女同志。雖然她長得很漂亮，但是不會讓人覺得特別有女人味，因為她走路時昂首闊步、姿勢有點僵硬的舉止，讓她看起來有點像男人婆。

妮可來自一個完整的中產家庭，父母兩邊的家庭都有精神病史。祖父是精神分裂患者，有堂兄弟自殺，不只一個親戚患有重度憂鬱症（major depression）。我從妮可的敘述得知，她的母親不習慣表達愛，老是說一些酸言酸語。她的父親看起來是個開心的人，愛惡作劇，看似溫暖，但事實上相當疏離，只關心自己。她有一個愛吃醋的哥哥，從小就一直折磨她。

妮可比一般青少年更迷搖滾樂，不管是知名或不知名的樂手，都如數家珍。她會跟著兩個朋友搭長途車，到很遠的城市參加演唱會，跟著她們喜歡的樂團巡迴表演到處跑。她推崇好幾位知名的主唱，幻想自己可以見到他們，或者跟他們上床。最重要的是，她自己想要當明星。雖然她從來沒有正式學過吉他，只會一點點基本和弦，卻認為自己非常有天分。她相信，一定會有唱片公司的星探找她簽約，讓她成為明星，這只是時間早晚的問題。

妮可創作了許多首歌曲，有時她會在我們諮商的時候彈奏，通常是簡單的流行樂旋律，很容易朗朗上口，但終究有些單調，沒什麼複雜性。她沒有作曲的背景，也不曾跟任何樂手在樂團裡演出過。妮可常以自豪的語氣跟我說，她有絕對音感。每當她拿著卡式錄音機來諮商，播放歌曲給我聽時，很顯然她預期我會對她的作品讚不絕口。

儘管妮可認為自己是一位「不為人知的天才」，注定會有一番偉大成就，但是她絲毫不知道該如何做才能成為一名歌手。她經常說要組一個樂團，但是沒有實現過。有時，她想起來應該要去上課才對，後來終於找了一位老師來教她。她只跟著老師學了幾個月，因為練習難度高，而且進步速度緩慢，讓她很惱火。她相信自己根本不必那麼做，音樂天才自然就會知道該怎麼演奏。

經過大約一年的治療後，妮可的父母拒絕繼續幫她出諮商費。當時，我已大幅降低收費，讓她可以每週來好幾次。考慮到她的問題的嚴重性，尤其是她的自殘問題，我知道必須常跟她見面。當妮可告訴我，她的父母不再付費時，她問我：「我現在該怎麼辦？」她聽起來既生氣又害怕。她知道自己需要繼續諮商。

「我想你得找個工作，自己付錢。」

我的答案激怒了妮可。她期待我可以免費幫她諮商；對於她得負起經濟責任的這個意見，惹惱了她。

這個問題讓我們有好幾次的諮商都沒辦法順利進行下去，有時候妮可氣得甩門，衝出我的辦公室，提前結束治療。但她總是會再回來。儘管憤怒的特權感作祟，但妮可在某個程度上很清楚我是關心她的，試著幫她找出辦法。最後，她開始找工作。起初她去藝術課當裸體模特兒賺錢，幻想自己可能成為超級成功的伸展臺模特兒，享受在課堂上被那些藝術家注視。或許他們當中有人會跟當經紀人的朋友說，他發現了一位絕世美女。

後來，妮可在零售業找到工作，儘管她覺得那個工作對她而言是大材小用，很不開心，但是她仍想辦法做下去。那段時間，我們的諮商重點放在她的憤怒和特權感。她堅持我應該免費幫她進行諮商，而且應該有人替她付清剩下的帳單。現在，她應該已經變成搖滾明星，過著富裕而豐衣足食的日子才對。

我有好幾次在她對於「為了在真實世界達成有價值的成果，必須長時間辛勤工作」的現實表示厭惡時，打斷她。我時常跟她說：「你覺得每當你想要什麼的時候，就應該得到它。」我還談到了她想要一夕之間成為暴紅的搖滾巨星、頂尖模特兒、音樂天才，是為了逃離渺小和無助的感覺。

當時我還沒發展出如今主張的核心羞恥感觀點。換成今天，我應該會對妮可說不一樣的話，像是：「你很害怕自己的內在一團亂，因此沒有變得更好的希望。你害怕自己受損嚴重，所以不去嘗試努力。唯一的出路似乎要靠奇蹟，突然變成另一個截然不同的人，一個贏家的『你』擁有一切。」我可能也會談到讓人苦惱的羞恥感，希望讓她感覺到我深深地同理她的痛苦。

我對於妮可最初期的解讀並沒有錯。它們反映出相關的情感問題，一種不同卻又並存的觀點。妮可因為感到渺小、貧窮、無助而痛苦，但是那種感受同時也引燃了她深深的羞恥感和恐懼，她害怕自己的損傷嚴重到無法修復。浮誇型自戀者覺得生活窮困很可恥，視窮困等同輸家。她躲到一個擁有一切的幻想裡。換言之，浮誇型自戀者拒絕並否認那個窮困的輸家自我，躲到一個自己是贏家的幻想形象裡。

隨著時間推移，妮可學會忍受自己那渺小、經驗不足的感覺，忍耐長期持續工作中夾帶的挫折感，而不是以浮誇的想法逃避。在我們所建立的心理治療關係中，她感覺被看到、被了解、被接受，慢慢面對了她心理傷痕所潛藏的羞恥感，即便我們當時沒有說出這個詞彙。

妮可最後上了大學，選擇一項專業。她還找到一位新的吉他老師，經過幾年後，彈奏功力變得相當厲害。她研讀作曲，並善用天分完成一些更複雜，而且在音樂上更令人滿意的歌曲。雖然她沒有靠音樂維生，但是她和朋友組了一個樂團，偶爾在居住城市的小型俱樂部表演。最主要的是，他們享受一起演奏。

根據最近一些試圖評估自戀者如何無意識地自我感覺的研究，珍・圖溫吉和基斯・坎貝爾主張，自戀並不是不安全感與低自尊的掩護（一般普遍如此認為），即便在無意識層面，自戀者依然懷抱著自己比其他人更優越的形象。[3]但是，布列德・布許曼（Brad J. Bushman）和羅伊・鮑梅斯特（Roy F. Baumeister）將這個觀點琢磨了一番，區隔出**穩定型**自尊和**不穩定型**自尊：以敵對和防衛態度面對自戀性傷害的人，通常有不穩定的自我形象，這個形象高度仰賴來自外在的支持與強化。[4]我主張這種不穩定性反映了這個人對自我形象的防衛性本質；他一直在懷疑自我形象的正確性。

換言之，對於一直在進行不間斷自戀性防衛（見第三章）的極端自戀者而言，每一次質疑他的自尊，都有可能引爆核心羞恥感。

如果我在治療像妮可這樣的案主時，太早提出核心羞恥感的概念，他們通常會拒絕，或是覺得受到攻擊。然而，他們提到的夢境裡，大多象徵性地反映出他們內在普遍受傷的感覺，像是撞毀或燒毀的車子、環境惡劣的出租公寓、年久失修的木屋、核戰過後的殘破景象，都是我所聽到的反映出經歷核心羞恥感的夢境描述。其他的夢境還有一個畸形或生病的嬰兒，或是有人受到極端忽視，包著髒兮兮的尿布，皮膚都潰爛了，渾身都是病。作夢的人通常不會出現在自己的夢境裡，而是透過損毀、疾病和腐敗，象徵他感受到自我化為一片廢墟。

我們剛開始諮商時，妮可提過一個簡單的夢境，足以說明她的自我感覺是如何。她自己沒有出現在那個夢裡，而是一名戴著大墨鏡的科學家站在舞臺上的講臺後方，身穿一件白色實驗袍，頭上戴著學士帽，但在他的實驗袍下，他包著需要更換的尿布。這個景象讓妮可想起一部受歡迎的兒童卡通《皮巴弟的不可信歷史》（*Peabody's Improbable History*）的角色皮巴弟先生。在卡通裡，皮巴弟是世上最聰明的小獵犬，有許多了不起的成就，既是商場大亨，也是發明家、諾貝爾獎得主、兩面奧運獎牌得主等等。[5]妮可的夢境傳遞出浮誇但虛假的自我感覺，一個嬰兒偽裝成值得注意的成就非凡的科學家。

妮可的雙親在為人父母的第一項任務上就不及格，未能逐步教導女兒，告訴她長得漂亮又善良，讓她感覺自己就位於宇宙的中心。透過我們的諮商，我發現她母親可能得了產後憂鬱症，沒辦法跟寶寶建立親密關係。妮可在最早的視覺記憶中，「看到」母親在沙發上讀羅曼史，沉浸在自己的虛構世界裡。妮可還回想起她獨自在後院裡爬行，在草地上發現狗大便。不管這些記憶是否真實，所反映的都是被忽視和孤立的感受。從心理學的感受而言，它是「真實的」。

在為人父母第二項任務（在孩子到適當的年紀時，限制他們的自大）上不及格的父母，也可能製造出一個浮誇型自戀者。珍．圖溫吉和基斯．坎貝爾針對目前的教養方式和自尊運動的分析指出，即使是立意甚佳且相對健康的父母，也會鼓勵孩子自戀，但是那些透過孩子間接逃避自身羞恥感的自戀型父母，造成的有害影響特別大。像厄爾．伍茲那樣的父母，將孩子美化到某個程度，以至於他們的兒子或女兒從來不懂得謙卑，也不會尊敬他人的感受。因為這些男孩和女孩通常都被寵壞，無論實際上的表現如何都活在讚美聲中，他們長大後可能自認為享有特權，不必努力就能坐享其成。

什麼都不缺的孩子

安妮（Anne）在懷孕期間，跟丈夫約翰花了好幾個小時翻閱嬰兒命名書籍，因為他們想給孩子取一個很特別的名字。安妮一直很討厭自己的名字，原本的拼法裡沒有最後的e，但她在上學時把e加上，想讓自己的名字看起來比較有教養，比較有英國味，即出自珍．奧斯汀（Jane Austen）的小說《勸導》（*Persuasion*）中的安妮．艾略特

（Anne Eliot）。約翰則來自一個家中很多人都取名叫約翰的家庭，其中不少人是酒鬼，就他而言，他們全都是輸家。安妮和約翰希望孩子的名字能有別於其他小孩。

超音波檢查顯示安妮懷的是男孩，他們最後決定取「西洛」（Shiloh）這個名字。在西洛還沒出生前，安妮和約翰就開始盡一切可能，以確保孩子將來會是成功人士。以前安妮不怎麼喜歡古典音樂，但是她播放莫札特的音樂給肚子裡的西洛聽，因為她讀到的資料說，古典音樂可以刺激胎兒的大腦發展。西洛出生後，安妮和約翰在嬰兒床邊掛了一個有大寫字母的手機，持續對著他播放背誦字母的聲音。當然，他們每天晚上都會念書給他聽。

每次，安妮那離婚的母親偶爾來探望孫子時，雖然沒幫什麼忙，但總是會給一些逆耳的建議，常說：「你會寵壞那個孩子。」「不要只因為他哭鬧，你就放下一切，飛奔過去。」安妮跟母親一直都不親近，每次在母親離開後總是覺得鬆了一大口氣。約翰則是在很久以前就跟自己的家人停止往來。

隨著西洛逐漸長大，他沒有令人失望，至少在小學階段是如此。在親師座談會上，他通常都被形容為「很機靈」、「很用功」，但是有多位老師說他很難接受批評。安妮解釋說：「我們相信讚美會比批評好得多。」有時，西洛在學校考試拿到B的成績時，他會帶著惡劣的心情回家。無論他的功課做得多糟或不完整，安妮和約翰都不斷鼓勵他；不管他拿到什麼成績，他們仍會稱讚他。他們幾乎天天都對他說他很特別。根據安妮讀到的育兒書，父母以這樣的讚美來建立孩子的自尊，是很重要的。

西洛從中學時期開始惹麻煩，被逮到數學考試作弊。聽了校長的說明後，安妮和約翰跟西洛一起坐下來，討論為什麼作弊是錯誤的行為。西洛看起來不太在乎，他說：「大家都在作弊。」約翰用最強烈的語氣（聽起來不是很可靠）告訴西洛：「下次別再犯了！」經過深思熟慮後，安妮和約翰決定沒收西洛的平板電腦兩個星期，但這個處罰毫無作用，因為西洛只要改用筆記型電腦就好，而且還花了更多時間玩電子遊戲機的遊戲。

西洛的成績在高中時開始往下掉。父母規勸他要用功一點，他則抱怨學校太無聊。他們問他：「你要怎麼上好的大學？」他只是聳聳肩。安妮和約翰想用金錢利誘西洛考出更好的成績，但是這個方法起不了作用。西洛似乎永遠都有足夠的錢去支撐他的社交生活，安妮很納悶，憑他們給他的零用錢，他怎麼有辦法那麼常去聽演唱會、跟朋友上餐廳吃飯。她懷疑兒子偷她皮夾裡的錢，開始把皮夾藏在臥房裡，但是從未當面質問過他。

在西洛十六歲的生日時，約翰和安妮買了一輛本田的喜美新車給西洛，但他只是淡淡地表示謝意。後來，他說到最好的朋友艾薩克開的是BMW，表明他認為本田的車配不上他。隨著他的成績每況愈下，安妮開始去搜查他的房間，並在一雙捲起來的襪子裡找到一點大麻菸。安妮和約翰對西洛下禁足令，拿走他的汽車鑰匙一個月；然而，西洛會在深夜從窗戶溜出去，走一小段路後，被朋友用車子接走。安妮不曾跟丈夫談到這件事，但是她知道兒子做了什麼，卻害怕要是對他限制更嚴格的話，他可能會跟他們作對。

西洛長得很帥，不愁沒有女朋友，但是他跟每個人都交往不久。他的父母記不得所有女孩子的名字，事實上，他每幾個星期就換一個女伴。西洛講話的方式很傲慢，談到那些女孩時都帶著輕蔑的口吻，安妮擔心他把自己想成「對女性具有莫大魅力」。約翰雖然沒有說出口，但是把兒子看成是「玩咖」，內心暗自為兒子的把妹工夫感到驕傲。約翰在遇到安妮之前，交女朋友的過程都不太順利，覺得自己是情場失敗者。

約翰和安妮逮到西洛和現在的女朋友（她從臥房窗戶溜進他們家）在床上後，為了該如何懲處兒子起爭執。約翰認為，「他是青少年，他的荷爾蒙正在噴發。」後來，那個女孩的父親氣沖沖地打電話過來，抱怨西洛把他女兒的裸露照片傳給其他朋友，約翰終於承認也許安妮才是對的，兩人再度沒收兒子的汽車鑰匙。

儘管西洛在學術評量測驗（SAT）拿到高分，但是平時成績不佳，上不了好大學，最後就讀當地的社區大學。但他抱怨課程太無聊，只讀兩個學期就輟學了。「為什麼我要花四年上那些愚蠢、沒意義的課，好讓我找到蹩腳的工作？」他看似沒野心，卻又覺得自己有權享受用功念書的好處。某一天，安妮注意到她放在衣櫥盒子裡的部分珠寶不見了。西洛否認拿了那些珠寶，卻無法解釋為什麼他有錢買新的真皮夾克。但安妮沒有緊咬那一點。

約翰和安妮提供給西洛一張只能用來加油的艾克森（Exxon）卡，卻不明白為什麼西洛需要那麼頻繁地幫車子加油，後來才了解原來他還幫朋友的車子加油，再跟他們收現金。當他們取消那張卡時，西洛罵他們是「討厭的小氣鬼」，並且搬出去住。在那之後，他做了許多低階工作，沒有一個能持久。若不是他嫌工作乏味而辭職，就是因為他的傲慢態度被老闆開除。每隔幾年他都會因財務陷入絕境，打電話向父母求救，而他們都會伸出援手。

◆◆◆

或許你也認識像西洛那樣的人，雖然有天賦和支持他們的父母，卻沒辦法在成年後好好努力。像安妮和約翰那樣的父母，出於最好的立意，卻助長了孩子自認為該享有特權的態度。這些父母通常想逃離原生家庭，可以理解他們嘗試把長大過程中欠缺的東西提供給兒子或女兒。在核心羞恥感的驅使下，這些父母可能也會要求孩子成為贏家，藉此補救自己的人生。像西洛那樣的兒子和女兒，面對寬容的教養方式，以及過多不批評的讚美和起不了作用的懲罰，在成長過程中會覺得自己與眾不同、不適用常規，不必努力就能坐擁最好的享受。

就像我的案主妮可在諮商初期那樣，這些人無法設定實際可行的目標，也無法持續努力去達成目標。他們跟前面章節介紹的許多極端自戀者形成對比，其自戀的情況有時很難發現，因為他們浮誇的自我形象存在於平靜的幻想中，以逃離真實世界的要求和限制。就跟妮可一樣，他們覺得自己是不為人知的天才，被所有認識的人誤解了。有時，他們會策畫快速致富的計畫，一度使出渾身解數追求目標，接著就放棄了。

推崇名流的文化，大量向我們傳送「擁有一切」的演員和搖滾明星的影像，同時也傾向鼓勵成長中孩童的不健康自戀。尤其當他們看到名人公開做出肆無忌憚的行為，卻不必為後果負責，他們可能覺得當名人真的很特別，不必受限於常規，於是想要仿效他們。

德魯・平斯基（Drew Pinsky）和馬克・楊（S. Mark Young）在他們的書中提到了名人自戀對於美國年輕人的影響，而且對於那些在童年受到創傷的人而言，這種影響特別有毒。[6] 妮可想逃離核心羞恥感，而受人尊敬的搖滾明星文化偶像，似乎為她指出一條道路。

對名人的崇拜也會傷害像西洛那樣的年輕男女，雖然他們的童年沒有創傷，卻在相信有錢、有名勝過一切的世界長大。尤其再加上寬容的教養，這樣的孩子被培養成社交贏家，以彌補父母的無意識羞恥感，而崇拜名人的氛圍會助長他們的自戀傾向。

你可能聽過幾年前在美國紐約州羅徹斯特（Rochester）進行的一項針對六百五十名青少年的調查研究。該研究詢問他們個人的抱負以及對於名聲的看法，而其結果上了頭版新聞，四十三・四％的孩子嚮往當「非常有名的歌手或電影明星的個人助理」，卻只有二十三・七％的受訪者想當「像哈佛或是耶魯等優秀大學的校長」。[7] 學術工作對於平均十五歲的孩子來說，也許聽起來不是那麼有趣，但是這個結果仍然令人震驚，這個族群把跟名人有點關聯，看得比自己在其他領域有所成就，來得更有價值。

這項調查研究有另一個比較不受媒體關注的結果，也就是：比起同儕，那些形容自己孤獨、沮喪的青少年，更相信「變成名人會過得幸福」。來自情感混亂或創傷家庭的孩子認為，只要成名，就可以解決他們的問題，可以擺脫核心羞恥感。在社交上愈孤立的孩子，愈相信變得有名可以為他們贏來朋友：他們要變成社交贏家，而不是像自己那樣被排擠的輸家。

支持小人物

電影明星或流行樂歌手，通常不是因為體現更崇高的社會價值而變得有名。根據社會歷史學家丹尼爾・布爾斯廷（Daniel Boorstin）著名的描述，他們常常因為「已經有名而有名」。[8] 近年來，有好幾位名人因為看似是膚淺名人自戀者的對照組，成為了文化偶像。他們看來很善良或很無私，但最後卻證明他們竟然是為了名利而操弄公眾形象的極端自戀者。

藍斯・阿姆斯壯讓他的粉絲相信，他是一個擁有近乎超人美德的人，絕不可能作弊的孜孜不倦參賽者，勇敢的抗癌鬥士，同時是多才多藝的好人。美國前登山家葛瑞格・摩頓森（Greg Mortenson）在《三杯茶》（*Three Cups of Tea*）一書中，將自己描繪成不可思議的無私者、僧侶般的改革運動鬥士，致力於阿富汗年輕女孩的教育權。最後，事實證明這兩個人很會打造公眾形象。雖然他們的慈善基金會——分別是「堅強活著」（LiveStrong）和中亞協會（Central Asia Institute）——做了很多善事，但仔細觀察這兩個人的心理狀態，就能看到指向核心羞恥感的極端自戀特徵。[9]

維基解密（WikiLeaks）網站的創辦人朱利安·艾桑吉（Julian Assange），是個持續對抗根深柢固之權力結構的改革運動鬥士，一度是這個軟弱世界的另一位英雄。艾桑吉支持真相、透明，以及個人接觸政府祕密情報的權力，起初他看似是一位為小人物奮鬥的無私倡議者。結果證明，原來他是一個浮誇型自戀者，比起追求真相，他更感興趣的是公眾的喝采，享受他的「搖滾巨星」地位。

代筆作家安德魯·歐漢倫（Andrew O'Hanlon）花了好幾個月的時間，跟朱利安·艾桑吉合寫傳記，在過程中對他有更深的認識。歐漢倫寫道：「他追擊政府和企業行動的背後，隱約是出於對自己的恐懼。那是他的一大祕密：他想要掩蓋除了名聲以外關於自己的一切……這個人讓自己負責揭露這個世界的祕密，卻無法忍受自己的祕密外洩。」

歐漢倫的結論是，最後可能證明艾桑吉的「動機始終不是出於崇高的原則，而是深刻的情感創傷」。雖然他沒有明確解釋「情感創傷」的本質是什麼，但清楚地將它連結到艾桑吉的童年。[10]

在《紐約客》（*New Yorker*）雜誌的簡介中，朱利安．艾桑吉形容他的童年「很像《湯姆歷險記》裡的湯姆（Tom Sawyer）……我有一匹自己的馬，自己做木筏；我去釣魚，跑到礦井和地道裡去。」[11]艾桑吉將自己描繪成極為獨立且好奇心旺盛的少年，一個未來的勇敢英雄。或許他真的有一匹馬，也真的去過地下通道裡探險，但是這些敘述裡隱藏著他混亂的童年。艾桑吉的母親克莉斯汀（Christine），年僅十七歲就認識了約翰．許普頓（John Shipton）並愛上他；但在朱利安出生後沒多久，許普頓就消失在他們的生活中，從此二十五年不曾見過兒子一面。

朱利安一歲時，克莉斯汀嫁給劇場導演布雷特．艾桑吉（Brett Assange），他們合作過許多作品，經常往返於澳洲各地。根據安德魯．歐漢倫的說法，朱利安．艾桑吉在兩人合作寫傳記時，曾告訴歐漢倫，他的繼父是一名酒鬼，但他後來卻試圖掩蓋這個說法。[12]在朱利安八歲時，克莉斯汀離開她的丈夫，跟一名「音樂家」交往，很快又生下一個兒子。但這段關係宛如「狂風暴雨」，那名音樂家變得很粗魯，兩人最後分開了。

克莉斯汀在爭取艾桑吉同母異父的弟弟的監護權官司過程中，由於擔心那名音樂家會帶走她的小兒子，便帶著兩個兒子逃走。朱利安・艾桑吉在多次的訪問中，包括跟歐漢倫的錄音對話中都提到，那名音樂家屬於一個稱為「家庭」的強大新時代邪教，它的箴言是「看不到、不知道、聽不到」。雖然艾桑吉的母親在日後堅持，邪教成員之說純屬「推測」，而且她不曾在兒子進入青少年時期之前跟他討論到這件事，但是艾桑吉的說法是另一種版本。根據艾桑吉所言，母親和他們兩個兄弟，在他十二歲到十七歲期間四處逃跑，不斷在擔心這個邪教及其力量。相關細節根據不同的訪問而有不同的數字，艾桑吉到十四歲時，讀過十二到三十七所不同的學校。他也說過，自己在成長過程住過三十或五十個不同的城市。

這些內容中，沒有一個聽起來像是無憂無慮或充滿冒險的童年。儘管朱利安・艾桑吉引用《湯姆歷險記》來比喻，但事實上，他的童年更像是本書介紹的其他幾人的早年家庭生活，尤其類似於藍斯・阿姆斯壯的童年：被生父拋棄，跟繼父處不來，家裡的氣氛變成情緒虐待。受到窮凶惡極邪教迫害的說法，很可能是捏造的，這是艾桑吉透過找到敵人，來強化妄自尊大傾向的一種早期徵兆，無論如何，這聽起來都不像是快樂的童年。

就跟藍斯・阿姆斯壯一樣，朱利安・艾桑吉找到一個出路，創造了讓自己成為頂尖人物的機會。他在十幾歲時就對電腦和寫程式充滿興趣。他用Mendax（可簡譯為「高貴的虛假」，出自古羅馬詩人荷瑞斯〔Horace〕的 *splendide mendax*）為綽號，在網路駭客次文化世界，贏得「能闖入最安全網路的老練程式設計師」的美譽。艾桑吉後來跟另外兩名駭客一起成立「國際顛覆分子」（International Subversives）組織，這個虛擬集團闖入了從美國國防部到洛斯阿拉莫斯國家實驗室（Los Alamos National Laboratory）在內的澳洲、歐洲和北美的電腦系統。

他發現，感受到自己的力量，是一件令人陶醉的事：

> 它的確會讓人上癮。你一頭栽進一個電腦系統裡，在當時對我而言，最代表性的是五角大廈第八指揮組的電腦。你接管了系統，從凌亂的臥室將意見傳送到沿著走廊的整個系統，而且你一直都比華盛頓那些人更了解那個系統。彷彿你可以透過念力把自己送進五角大廈內部，得以四處走動，發號司令。[13]

朱利安・艾桑吉的發言充滿了一種自覺的自大：他承認逃離「凌亂的臥室」去到

虛擬的權力走廊，讓他有如嗑了藥那般興奮。他覺得自己比華盛頓特區負責遭他駭入的電腦系統的那些人，更懂電腦系統，因而有一股優越感。他很享受對當權者嗤之以鼻，以及自己掌控大局。

在創立維基解密網站後，讓朱利安．艾桑吉找到一個更大的舞臺，能夠展現他那自大的自我感覺。當然，他要這麼做，勢必少不了熱情的奉獻心，目的是要揭發政府為了維護它對個人行使的權力而撒謊。隨著他的組織因洩密而聲名遠播，他變成數百萬人狂熱崇拜的英雄，艾桑吉開始視自己是某種名人大師，經常堅稱有誰又愛上他，或是想跟他在一起。丹尼爾．多姆沙伊特—柏格（Daniel Domscheit-Berg）提到，他們在維基解密網站共事的那幾年，艾桑吉著迷於自己的形象，不願把功勞與合作者分享，對於不給他應有尊重的人會抱持敵意，甚至瞧不起過去支持他的人。[14] 他把一起合作的人都看成自己的臣民。

朱利安．艾桑吉的自大愈來愈有偏執狂的味道，自比為歷史上遭迫害的人物，例如俄羅斯異議人士索忍尼辛（Alexander Solzhenitsyn），甚至是耶穌基督。他最愛做的事之一，是上網搜尋跟他有關的資料，尤其是誹謗他的資料，他看來似乎「在擔心敵人方面，有永無止境的容量」。[15] 這位維基解密網站創辦人，甚至在成名前就常常堅稱有政府特務在跟蹤他，或是監聽他的手機。

在「阿富汗戰爭日誌」（Afghanistan War logs）被公開後，朱利安．艾桑吉可能真的被跟蹤。他每次從車子下來之前，一定要求追隨者先搜查附近的樹叢裡是否有「刺客」。他要求計程車司機走小路，因為他相信有人在跟蹤他，而且他「看來似乎挺喜歡被追蹤的這個想法」，把自己當成冷戰時期驚悚小說裡的英雄，時時受到躲在暗處的壞蛋威脅。《紐約時報》的編輯比爾．凱勒（Bill Keller），後來把艾桑吉看成「一個出自史迪格．拉森（Stieg Larsson）驚悚小說的人物」。

朱利安．艾桑吉還有一個「離間朋友，將合作者變成敵人」的習慣。在「阿富汗戰爭日誌」公開後沒多久，他跟英國《衛報》（*Guardian*）的記者和編輯吵起來，堅稱他們「出賣」他，指責他們懦弱。他也跟《紐約時報》、德國《明鏡周刊》（*Der Spiegel*）先前的合作者鬧翻。當《紐約時報》顧及告密者的姓名還沒經過妥善編輯（事後證明這個擔憂是對的），決定不要將報導連結到維基解密網站時，艾桑吉致電給比爾．凱勒，並質問道：「你把尊重放到哪裡去了？」比爾．凱勒隨後為自家雜誌寫了一篇長文，形容艾桑吉聰明、技巧高超，但同時也傲慢、偏執狂且易怒。[16]

像朱利安．艾桑吉那樣最終成名或變得惡名昭彰的浮誇型自戀者，其真實生活的經歷，早在他成功之前就證實了他膨脹的自我形象。他變成超級強權的頭號公敵這個事實，有助於增強對抗核心羞恥感的長期心理防衛，也就是安德魯．歐漢倫所揣測的「情感創傷」。看起來，艾桑吉像是在找尋敵人；感覺受迫害和遭背叛，讓他覺得自己像個烈士，在內心把自己跟有類似際遇的重要歷史人物做連結。即使有時他的確需要擔心敵人，但他的偏執狂反映出一種防衛且自大的自我形象，目的是要擋住羞恥感。

如何應付浮誇型自戀者

無論英雄從寶座上跌下來多少次，讓我們的幻想破滅，我們似乎仍會繼續尋找新的人來取代他們。人類顯然有一種天生需求，需要有一個得以仰望、嚮往而去仿傚的領袖或模範。浮誇型自戀者看起來體現了我們的理想，常常透過操縱公眾形象、扮演英雄，來符合那個需要，讓我們自然而然地輕易受到吸引。

與浮誇型自戀者相處時，若要避免被操縱，有賴於對人性保持健康的質疑：如果他好到令人難以置信，宛如在凡人之間出現的聖人或超級英雄，那麼他可能就是這種人。浮誇型自戀者可能基於一些我們真正相信的理由，投身於社會運動，例如促進貧窮穆斯林女孩的教育，或是挑戰根深柢固的權力，然後利用我們的稱讚來剝削我們。我們想要去相信他們。他看起來像是一個利他的媒介，為了有價值的事而服務，但他的動機卻相當自私。

你認識多少真正無私的人？

在距離我們更近的世界裡，浮誇型自戀者也許就出現在領導的位子，在職場或社交生活圈裡，經常散發超強的魅力。他們的自我形象具有說服力，令人難以抗拒。我們發現自己想跟這些贏家攀交情，彷彿透過接觸他們的優異，就能夠影響我們，讓我們也變成贏家。換言之，浮誇型自戀者利用了我們自己把世界分成贏家和輸家的傾向。雖然我們不太明瞭實情，但是我們可能害怕著，要是拒絕號召以及質疑他們的自大，就會讓自己被排除在贏家圈子之外。

你渴望成為贏家，結交其他精英分子嗎？

像妮可那樣的浮誇型自戀者，由於膨脹的自我形象而活在幻想的世界裡，對我們不具威脅性；我們很快就能看出她在欺騙自己。像西洛那樣在工作或課業上表現欠佳的人，雖然其父母支持他的特權感，但大部分人會發現，如果這類人來索要金錢的話，很容易就能拒絕他們。

簡言之，那些因膨脹的自我形象在這個世界行不通，而活在自己世界的浮誇型自戀者，是很容易抗拒的，但是透過真正的成就「確認」其自大浮誇的那些人，就很容易把我們騙倒，尤其當我們跟他一樣有比較輸贏的心態時，更是如此。

07

Narcissist

我有好多事要告訴你

- □霸凌型自戀者
- □自戀型父母
- □挑逗型自戀者
- □浮誇型自戀者
- ■**萬事通型自戀者**
- □自以為是型自戀者
- □懷恨型自戀者
- □成癮型自戀者

幾年前，我為了孩子而出席一場頒獎晚宴，跟其他父母同坐一桌。我跟其中一些家長很熟，也遇到一對剛認識的夫妻切特和莫妮卡，他們的女兒跟我的兒子就讀同一個年級。切特任職於一家商業銀行，莫妮卡在一家大公司的人力資源部當主管。莫妮卡的長指甲上塗了指甲油，中分的頭髮在臉頰處整齊地捲曲，讓我聯想到一九七〇年代的芭芭拉・史翠珊（Barbra Streisand）。她習慣性地用長指甲將往前滑到臉上的頭髮往後撥。

莫妮卡大概從頒獎典禮開始前就不停地說話。她看起來並不焦慮，而且她是人力資源專家，我認為她跟不熟的人說話時應該挺自在的。然而，她的工作是去了解員工，處理他們在工作上遇到的難題，但看起來似乎對於提問的環節不太熟悉。事實上，莫妮卡對同桌的家長一點興趣也沒有，只是從頭到尾說個不停，完全沒有停下來喘一口氣。

她在我就座不久後對我說：「我很喜歡那件襯衫！我先生有一件很相像的，就在他的衣櫥裡。現在我看了看，我想它可能真的就是同一件。他是在我們去巴哈馬的時候買的。那趟旅行真的棒極了！」之後，莫妮卡說了一大堆在巴哈馬首都拿騷（Nassau）買翡翠的事，不時提到她付了多麼高的價錢，還講到她喝了多少杯鳳梨可樂達（piña coladas）的感想，讓人聽得一頭霧水。她對於自己說的故事笑得很大聲，儘管故事不算特別有趣。

要是我們當中有人試圖改變話題的話，莫妮卡很快就能把話題再繞回到她身上。她笑著說：「你的小女兒上埃斯特斯山小學？我們有個好朋友剛在那個地區買了房子。事實上，是我幫他們找到房子，因為我一直都很注意城裡的房地產市場。我已經幫好幾個朋友找到房子，我想你們可以說我是某種房地產的媒人。」我給了同桌另一位家長一個心照不宣的表情，他是在我們這個區域耕耘多年，備受敬重的一位房地產經紀人。

果然，除了房地產之外，莫妮卡也懂得其他許多事，非常大方地跟當晚困在同一桌的所有人分享。莫妮卡根據觀看《廣告狂人》（*Mad Men*）電視劇的經驗，看起來似乎比其他人都懂廣告，包括一位長期在紐約一家大型廣告公司從事電視廣告工作的男性都比不上她。她對於我們學區的了解程度，更甚於坐在我右邊的那位學校董事會的董事。莫妮卡的知識範圍真是令人畏懼。

你可能在聚會上或是工作的地方，遇過像莫妮卡那樣的人。也許你社交圈的某個人，甚至你的家人中，就有這種萬事通型自戀者，永遠都在展現他高人一等的理解力，永遠都準備好要分享他的智慧，給你多餘的建議。

有時候，這種人只是煩人、自吹自擂而已，但如果他們完全主導某個社交活動，像我參加的那場宴會那樣，就令人不快了。

萬事通型自戀者雖然不像本書介紹的其他自戀者那麼極端，仍然可能成為你世界裡的一股破壞力。你可能把他們看成社交場合的討厭鬼，只專注於自己的事，不顧及他人，但事實上，他們對我們的剝削，可能跟其他極端自戀者沒什麼兩樣。莫妮卡需要有觀眾見證她知識淵博、洞察力過人，要我們把她看成贏家。同時，由於她對世界的了解遠比其他人厲害得多，相較之下，她讓我們變成了輸家，也就是知識大不如她的人。換言之，如同所有極端自戀者，萬事通型自戀者**以我們為代價**，去支撐他們膨脹的自我感覺。

這些人在孩童時期通常學業表現優異，可能看起來智力早熟，受到家人的讚許。這種具有天賦的孩子，比同學知道得更多、成績更好，能讓孩子本身避免羞恥感，有時就連父母也能因此避免羞恥感，甚至父母會感到一種自戀的驕傲。早熟讓孩子能夠「駁倒」（disprove）對於受傷害、感覺渺小和自卑的恐懼。第六章中提到的妮可的夢境：聰明科學家的實驗袍下隱藏著髒尿布，就描繪出這種早熟以及背後隱藏的東西。

你一定記得學生時代遇到的萬事通型自戀者，他就是那個老是在舉手，每當他開始說話，其他學生都會嘆氣或翻白眼的學生。

喔，不！他又來了。

這些人長大後，在職場上會成為難以共事的同事。就像莫妮卡一樣，他們傾向要主導對話，拒絕其他同事的想法，並在做決策時，擺出「不聽我的就滾蛋」的態度。由於他們通常在說話之前會先想好要說什麼，可能聽不進別人有用的意見。他們被視為唐突、挑釁，或甚至蔑視他人，很快就否決其他人的觀點，跟同事漸行漸遠。萬事通型自戀者不是好的團隊成員，總是想要當老大。

並非所有萬事通型自戀者都像莫妮卡那麼愛現，很多人會用比較細膩的方式，不經意地在對話中展現過人的豐富知識。而且，「萬事通」不代表隨時都掌握所有事實，他可能幸運地有管道能接觸到掌權者或重要人士，並因為這種熟悉的關係而讓他這個知情者顯得特別，使得他的意見比你的更有分量。他也可能是因為更了解其他國家，而比你更世故、更有經驗。他也可能在書籍、音樂、電影或電視節目等方面有更深入的知識，彷彿他跟得上時代，而你卻不是。

這種萬事通型自戀者可能運用名人來墊高自己的身價，在談話過程中一再提到一些你沒有個人交情的卓越人士或具影響力的人。他可能不經意地提及你沒去過的一些充滿異國風情的地方，或是一些他參加過的派對（很顯然你沒受邀）。他可能談到自己去過最新潮的餐廳或俱樂部，強力推薦你一定要去看看。最終，萬事通型自戀者往往都是勢利鬼，無論是用露骨或含蓄的方式，都想把自己抬到高人一等的位置，證明他有特殊管道接觸到的人物、地點或潮流，讓他比他的聽眾更優越。

拚命想展現自己高人一等的那些人，通常在另一個層面對自己有截然不同的看法，而且想要隱藏那樣的感覺。Pretentious（炫耀的）這個字，傳遞了隱藏其中的意思：它意味著這個人用某種方式，想假裝他擁有的比實際上更多。萬事通型自戀者常常在跟核心羞恥感（即無意識的缺陷感、自卑感或醜陋感）對抗。像莫妮卡那樣的人，不停地執行他們的防衛性身分，來完全隱藏羞恥感，讓自己和他人都看不到，但如果你認識他們夠深的話，經常可以發現潛藏在他們身上的不安全感和自我懷疑。

我一點也不像他們

傑西在大學一年級時來找我，因為持續的憂鬱已經影響到他的成績。他是一個早熟的孩子，功課一直都很好，高中時沒有太用功，就以班上第一名的成績畢業。結果，他欠缺自律，發現大學的課業要求比他預期中的更具挑戰性。在治療開始時，他還有性傾向的苦惱，逐漸發現自己最喜歡的是男性。

傑西擔心自己看起來很娘，但是他給人最鮮明的感覺是做作，這出於他有點高人一等的模樣。他說到無知或是沒受教育的人時，經常帶著輕蔑的口吻，而且他很討厭別人在普通文法上犯錯。例如，他在一次諮商時跟我說，一位教授竟然說出：that's a whole nother story（那是完全另一回事。譯註：nother 是 another 的非標準拼法），讓他感到「震驚」。他對於很多人用 aggravate 這個字來表示「煩惱」之意，感到很困擾，因為它真正的意思是加強或惡化。傑西對於自己說話用字的正確性感到驕傲，有時顯得很自負。

雖然他從沒去過英國，卻是忠誠的親英派，他對英國的想法大多來自維多利亞時代的小說，以及《唐頓莊園》（*Downton Abbey*）等公共電視網的節目。傑西覺得自己生錯時代，生錯國家，生錯班級。他在高中開始學法語，持續學到大學一年級，因為他認為會講法語代表有教養。而且，他用正確的母語發音說了一些從法語轉成英語的用詞，例如：rendezvous（約會）、hors d'oeuvre（開胃小菜）、amateur（業餘）等等。

身為他的治療師，起初我覺得很難去同理傑西，因為他老是以一種優越、居高臨下的態度對待我。我們剛開始諮商時，他有時會表達出帶有輕蔑意味的看法，認為我應該認同才對，但更多時候，他有些瞧不起我，彷彿我很無知或是不如他。換言之，他把我當成他所拒絕接受的羞恥感的承載者。要是案主的人格，被對抗無意識羞恥感的防衛心給主宰了，那麼心理諮商師要在情感上與他的痛苦有連結，是一件困難的事。

雖然傑西來自一個完整的家庭，從外面看起來相對正常，但他的父母都是酒精成癮者。他跟父親幾乎沒有什麼感情，父親工作的時間很長，在家時又拚命喝酒。他形容母親是個消沉的人，對家裡的每個人都酸言酸語。傑西的哥哥在青少年時期販毒，最後從高中輟學，十七歲離家，搬到另一個州居住。他的妹妹還在上高中，非常害羞，有飲食失調的問題。

傑西告訴我，因為他很聰明又對文化感興趣，總覺得跟家人格格不入。不同於他的父母和兄弟姊妹，傑西大量閱讀，對於從古典音樂到劇場的表演藝術都懷抱熱情。儘管他不能合法買酒，但他可以告訴你，波爾多的葡萄酒是用哪些品種的葡萄釀製的，也懂得最好的葡萄酒。相較之下，他的父母每晚都在餐桌擺上廉價的大罐酒。我感覺到，傑西強調自己跟家人的差異，好讓他與家庭的失能區隔開來，彷彿在說「**他**

們是一群無知、不正常的輸家，而我跟他們截然不同」。

傑西經常做夢，夢境裡常出現我在第六章提到的畫面，透過廢棄車子、傾壞木屋的影像，描繪出自我毀滅感。偶爾他提到夢見自己受困在汙水管破裂的大樓地下室，充斥排泄物的水從管子裡噴出來，房間內到處都是糞水，水深超過他的腳踝。傑西在那些夢裡，明知道自己得想辦法阻止糞水橫流，卻感到束手無策。他經常帶著恐懼感驚醒，身體和床單都因為汗水而濕透了。

在解讀夢的象徵時，我時常發現汙水代表了那些未被案主承認的情感經歷，因為所有無意識的感覺（身處「地下室」）痛苦到令人難以面對。案主依靠不同的防衛機制，也許成功壓制了痛苦，但在另一個層面，他感到它似乎「阻塞了」；就像傑西，他可能害怕心理壓力持續累積，最後進入到意識層面，導致自己被難以承受的痛苦所淹沒。汙水傳遞的意思是，未經處理的體驗和情感是如此折磨人，以至於無法被記起或理解，只能排掉。

對傑西而言，那些夢境也反映了他的恐懼，怕被人看穿他原來是個冒牌貨，只是一個偽裝成見多識廣者的「廢物」。妮可夢到的穿尿布的科學家畫面，也是在傳遞類似的冒名行騙之意。為了逃避這個令人難以承受的有缺陷、丟臉又可恥的自我，早熟的孩子建立一個嶄新優秀的自己，以掩蓋並拒絕一切傷害。也許他看起來很勢利，擺出高人一等或瞧不起他人的樣子，卻害怕被發現自己是冒牌貨。他看起來自認無所不知，但是他很害怕自己對真正的價值一無所知。

經過幾年的治療後，傑西逐漸放下他的自負，讓我看到他真正的自我。過程中，他不再把我當成他那無意識感受的承載者，我開始對他產生深厚的情感。他愈來愈能容忍並探索（而非對抗）他的羞恥感，也接受了自己的性傾向。隨著他變得腳踏實地，讓其他人認識真正的傑西，人際關係也得到改善。

自戀者大師

萬事通型自戀者在別人眼裡不見得都很妄自尊大或自負，如果他正好非常有魅力的話，也許能說服觀眾，他真的擁有特別的知識，讓他顯得高人一等。有些宗教或精神領袖、醫師和教師，也許剛開始看起來是很值得信賴的指導者，而不是自戀者。我在同行中認識好幾位極有自信、充滿魅力的治療師，他們給人一種比其他人更了解真相的印象。對於那些感到迷失或困惑，正在尋找專業協助的人而言，這種治療師具有一種吸引力，誰不想相信自己的治療師知道問題的答案呢？

自戀型治療師有時能夠達到大師般的地位，他的案主或由他指導的實習治療師，可能會崇拜他或將他美化。他們的崇拜助長了他，而他利用這一點去支持自己浮誇的自我形象，成了啟迪人心的治療師。經常有案主認為他們找到「世界上最棒的治療師」，但事實上是自戀型治療師巧妙地鼓勵了他們的這種想法。資淺的同事可能視他為極少數真正了解如何執行心理治療的人，花了好幾年的時間和大筆費用，接受他的私人指導。有些掠奪型治療師故意獵捕那些接受他們照顧的人，在性和金錢上占盡便宜。他們冷酷地無視他人的感覺，只顧追求自己的欲望。像這樣的人位於自戀光譜的最遠端，以「社會病態性格」稱呼他們，是最恰當的。但是，成為治療師的萬事通型自戀者，不認為自己在利用他人。他通常認為自己真心在乎接受治療的案主。他覺得自己很棒，因為能幫助到那麼多只有他才能影響的人。

當然，我們都想要相信自己從事的工作受到他人尊重，但是身為治療師的萬事通型自戀者，必須感覺到自己比這個專業領域的任何人所能提供的東西還要多更多。在案主和他所指導的人眼裡，他可能是一位聖人，但是他在同僚之間的好勝心非常強烈，私底下瞧不起他們。我認識的一位自戀型治療師丁博士，曾經與一位國際知名且專業地位更高的客座教授在同一個專門小組；而丁博士粗暴地抨擊那位教授的意見，讓對方難過到流淚。

自戀型治療師在諮商室的隱密空間裡，可以表現得相當誘人。他也許會暗示或甚至明說他跟你的關係「特別」。透過他個人所透露的內容，他讓你感到自己很幸運，能夠進入他的私生活。或許他會幫你延長諮商的時間，證明他很關心你。如果他還稱讚你，說你多麼有見解，能夠了解並賞識他的工作，你可能覺得自己成了精英二人組的一員。就像挑逗型自戀者一樣，他讓你覺得自己很棒，而你也會稱讚他以做為回報。

可想而知，自戀型治療師不會承認自己犯錯，而是會堅稱自己無所不知。如果你發現他的錯誤，他不會承認自己出錯，可能反而責怪你。如果你正面挑戰他，他可能覺得受傷、憤怒或表示不屑。針對該如何治療，他可能採取「不聽我的就滾蛋」的態度，堅持如果你不採取某些行動或不照他的話做，就會中止你的治療。就像大多數的極端自戀者，他需要高度掌控情況。

一旦你與那些自戀型治療師有私交，不僅限於專業層面的話，通常會發現他們的私生活很糟糕，婚姻破碎、跟孩子疏遠、酗酒等等。他們依靠案主和資淺同行的崇拜，來避開個人的羞恥感。

牧師、傳教士、拉比（譯註：猶太教祭司）和其他宗教人士，也可能以類似的手法來利用信眾。理論上，一個人應該有接觸靈性真相的特別途徑，才有資格當牧師並吸引那些有真實召喚的人，但是這也吸引了萬事通型自戀者，他們想被看成優越、知識淵博的人。有機會站上高高的講臺，對臺下教區的居民傳遞真相，這對萬事通型自戀者來說具有高度吸引力。這種靠著他（大概）的知識來執行權力和控制的感覺，讓他感到生氣勃勃。當魅力十足的自戀者站上講道壇，通常會助長信眾產生狂熱的氛圍。

過去數十年來，一些發展成有廣大狂熱追隨者的電視福音傳道人，被揭穿是騙子和極端自戀者，只為一己私利而無情地剝削信眾。羅伯．提爾頓（Robert Tilton）和吉姆．巴克爾（Jim Bakker）都因為表面的神聖被揭穿是騙局之後，雙雙不再吃香。這些人聲稱自己在啟發信徒，但事實上詐騙了信徒數以百萬計美元，以支持他們奢華的（且不道德的）生活方式。

萬事通型自戀者偽裝成大師或智者，利用了我們需要英雄，以及渴望救世主的心態。他也利用了我們內建的對於領袖的服從，根據我們的基因遺傳，「我們被設定好要遵從權威」。[1] 當跟領袖在一起時，尤其是那些宣稱帶著崇高任務的領袖，以及醫師或神職人員，我們傾向於將他的角色所具有的地位與他個人等同視之，因此追隨那個人。[2]這種相信、服從領袖的傾向，讓我們很容易受到提供心理指引或精神啟發的萬事通型自戀者給操縱。

◆◆◆

新時代（New Age）運動也製造了一些萬事通型自戀者。巴關・希瑞・羅傑尼希（Bhagwan Shree Rajneesh）和沙迪亞・賽・巴巴（Sathya Sai Baba）是被奉為大師的其中兩人，崇拜者認為他們能給予特殊啟發而尊敬他們，後來他們被許多追隨者控告金融違規行為和性剝削。更近期的畢克藍瑜伽（Bikram Yoga，熱瑜伽）創辦人畢克藍・柯得立（Bikram Choudhury），由於有喬治・克隆尼（George Clooney）、女神卡卡（Lady Gaga）、布魯克・雪德絲（Brooke Shields）及其他名人追隨者，而成為萬眾追捧的大師。他的學生不僅視他為「一位完全覺悟的人、一位真正的大師」，同時也是一位能看到過去與未來的遠見者。當他走進房間，人們「出於對他的尊敬，合掌祈禱，跪地鞠躬」。柯得立鼓舞這種虔誠之心，「他習慣自比為耶穌和佛陀，時常形容他的瑜伽是真瑜伽，而其他的瑜伽形式都是『屎』」。[3]

畢克藍・柯得立住在比佛利山莊一座八千平方英尺的豪宅，擁有數十輛勞斯萊斯和賓利名車，以及一輛後座有洗手間的戴姆勒汽車，前車主是大富豪霍華・休斯（Howard Hughes）。柯得立教學時，站在比學生高的地方，穿著他的註冊商標——黑色速比濤（Speedos）泳褲，戴著鑲珠寶的勞力士錶和頭戴式麥克風，說著夾雜性暗示和捉弄人的意識流長篇大論。他「老是趾高氣昂地宣告，我的蛋蛋像原子彈，兩個，每個有一百兆噸級的爆炸威力。沒人敢惹我」。他還誇大吹噓他的瑜伽，「主張可以治療癌症，讓珍妮特・雷諾（Janet Reno，譯註：美國首位女性司法部長）擺脫她的帕金森氏症，拯救了約翰・馬克安諾（John McEnroe，譯註：美國傳奇網球名將）的生涯，以及其他奇蹟故事。」[4]

要讓這些說法能夠說服他人，這個人勢必有筆墨難以形容的巨大魅力。

近年來，至少有五名柯得立核心團體的前成員，以性虐待和性侵害的理由控告他。柯得立否認所有指控。他利用了她們視他為啟蒙老師的耿耿忠心，起初是在眾多學生中挑出這些女性，讓她們以為自己與眾不同。柯得立利用挑逗型自戀者劇本的技巧，在下課後把一名學生叫到旁邊，對她說：「今晚教室裡有好幾百個人，只有你專心聽我在講什麼……以後每堂課，你都把墊子放在前面，靠近我。」之後他再告訴她：「你將會比德蕾莎修女更偉大，但是你得跟隨我才行。我指示的每件事，你都得照著做。」這裡指的「每件事」，包括幫他梳頭髮、幫他性按摩。後來他安排跟她獨處，被控性侵了她。[5]

儘管畢克藍．柯得立有明顯的自戀（浮誇的自我感覺和缺乏同理心），但他的瑜伽教學似乎幫助許多人在人生黑暗時刻有了正向的轉變。追隨者即使知道這些醜聞，甚至親眼目睹他的不當行為，都想將他的瑜伽教學和他本人分開來看，保留真正有價值的東西。萬事通型自戀者有著奇怪的矛盾：在努力建立並維持浮誇的自我感覺之際，通常會達成某種具持久性價值的成就。

有時，這些人受過高等教育、見多識廣，真的比其他大多數人懂得更多。當他們發奮圖強，再加上天賦，很可能有不凡的成就。但是在過程中，他們傾向以輕蔑的態度對待員工，不願意分享功勞。他們堅稱自己懂得最多，向外傳播他們的贏家形象，讓其他人在相較之下都成了輸家。他們完全不知謙卑為何物，一而再、再而三地宣告他們是在場最聰明、最有見解、最有創意的人。

有時，他們的確是這樣的人。

與眾不同的想法

與史蒂夫．賈伯斯密切共事的人，對於他將自己的願景強加於他人的神奇能力，有一種特別的說法。他在蘋果公司的同事引用了《星際爭霸戰》（*Star Trek*）影集早期一集的內容，稱它為「現實扭曲力場」（reality distortion field）。麥金塔電腦開發小組成員之一安迪．赫茲菲爾德（Andy Hertzfeld），形容它是「很吸引人的修辭風格、不屈不撓的意志、為求眼前的目的而去扭曲事實的熱忱，所融合出的一種令人困惑的混合物」。[6] 根據傳記作者華特．艾薩克森的說法，賈伯斯「在堅稱某件事，可能是在說世界歷史或敘述某人在會議上表達的意見時，甚至不會考慮事實的真相為何。他的話語故意蔑視事實，這不僅是對其他人，也包括對他自己」。[7]

史蒂夫．賈伯斯發現，要承認他的員工或許也有創意點子這件事很困難；他經常盜用他們的建議，然後把功勞算在自己頭上。麥金塔開發小組的另一位成員巴德．崔波（Bud Tribble）曾提到賈伯斯「如果你告訴他一個新點子，他通常會告訴你，他覺得那個點子很無聊。然而，如果他真的喜歡那個點子，一個星期後他會找你，把你提出的點子再提給你，彷彿那是他想出來的」。[8] 賈伯斯身為最高級的萬事通型自戀者，相信自己比在場的任何一個人都懂得更多。他自認腦袋的聰明程度不輸愛因斯坦，同時他也跟甘地或是他在印度遇見的大師一樣，是靈性開悟的人。[9]

史蒂夫・賈伯斯「以二元法對事物分門別類。人要不是『有知識』，就是『傻瓜』」。[10]萬一你掉到分類中的後者，他就完全不把你當一回事，會嘲笑你，罵你笨，或者故意在同事面前讓你難堪。賈伯斯「幾乎是存心處世不圓滑」，而且跟那些被他視為不如自己的人「在一起時，就忍不住炫耀他那冷酷、令人畏縮的聰明才智」。[11]在這裡，我們看到了自戀固有的比較輸贏動力，強加在科技創新者的世界裡。賈伯斯自認是第一名的贏家，經常讓身邊的人感覺自己像是輸家。

蘋果公司前員工喬安娜・霍夫曼（Joanna Hoffman）準確地捕捉到這一股動力。她說：「他有一種不可思議的能力，清楚你的弱點所在，知道什麼會讓你自覺渺小，讓你卑躬屈膝。那是具魅力者常見的一種特性，他們知道如何去操縱人，也知道撞擊你的話，就會讓你覺得變脆弱，並且渴望得到他的認同，然後他可以拉抬你，讚美你，把你收歸己有。」[12]許多熟悉史蒂夫・賈伯斯的同事都同意，他有一種想控制他人與周圍活動的需求，那是他的人格中最顯著的一個特徵。有時，他將別人美化，誘使對方照著他的吩咐行事；或者，更常見的情況是他霸凌他們，讓他們屈服。

就跟其他的極端自戀者一樣，史蒂夫．賈伯斯認為，一般規範不適用於他。在他進小學後沒多久，就可以清楚看出他「不打算接受權威」。[13]他嘲弄規定，反抗老師，但他的父母不曾因為他違法而處罰或訓誡他。成年後，他開著沒車牌的汽車上路，把車子停在殘障人士專用車位。有一次，他因開車時速超過一百英里（約一百六十公里）而吃罰單，警察警告他，下次再超速被逮的話，就要送他進大牢，但當警察一離開，他馬上將時速加快到一百英里。賈伯斯也對管理社會互動的普通規範嗤之以鼻：他不去參加原定要出席的會議，不請自來地跑去朋友家，預期他們會請他吃晚餐，他還會在半夜打電話給同事，討論一個緊迫的想法。

華特．艾薩克森形容，史蒂夫．賈伯斯的「缺乏同理心」遠近馳名。[14]他跟一位名叫蒂娜．蕾樹（Tina Redse）的女性交往並同居五年，她告訴艾薩克森，「愛上一個如此自私自利的人是非常痛苦的，而深情關懷一個看似沒能力關懷他人的人，更是如身處地獄般痛苦，她不希望別人有相同的遭遇。」[15]多年後，她偶然在一本精神疾病手冊上看到自戀型人格違常的描述，覺得用它來形容賈伯斯最恰當不過了。「我想，問題在於同理心，欠缺同理心的能力。」[16]

跟史蒂夫．賈伯斯共事多年的戴爾．尤康（Del Yocam）認為他缺乏同理心，而且

「他想要完全掌控自己所做的一切的欲望，直接源自於他一出生就被棄養的事實。」賈伯斯的生母喬安·史齊波（Joanne Schieble）就讀研究所時，儘管她已經懷孕，父母仍反對她嫁給來自敘利亞的穆斯林助教阿布杜拉法塔·詹達利（Abdulfattah Jandali）。喬安·史齊波在極度的高壓下，將孩子出養（雖然後來她還是跟詹達利結了婚）。賈伯斯第一個認真交往的女朋友克莉絲安·布安娜（Chrisann Brennan）說，被送養這件事，讓賈伯斯的「內心充滿破碎的玻璃」。[17]安迪·赫茲菲爾德的看法也相同：「史蒂夫為什麼有時無法控制自己，本能地表現冷酷，傷害了某些人，最主要的問題……追溯到他一出生就被遺棄。史蒂夫一生真正的根本問題，就是遺棄這個主題。」

史蒂夫·賈伯斯在三十多歲時，養母過世後，找到了喬安·史齊波，跟她建立關係。那時候，他得知自己有一個親妹妹，即作家莫娜·辛普森（Mona Simpson），而且詹達利在莫娜五歲時拋棄妻女。後來，莫娜·辛普森終於找到詹達利，但賈伯斯拒絕跟他見面，也斷然拒絕所有接觸的提議。賈伯斯解釋道：「那時候我已經很富有了，而且我不相信他不會想敲詐我，或是會不會去跟媒體爆料。」[18]賈伯斯跟藍斯·阿姆斯壯一樣，將生父貶為只是捐精子的人。他的親生父母「是我的精子和卵子銀行，這麼說並不過分，事實就是如此，只不過是精子銀行，僅止於此」。[19]

史蒂夫·賈伯斯堅稱，與生母分離，並未影響到他日後的發展，他附和了「一出生就送養，不會對嬰兒造成創傷」的一般認知。但事實上，過去六十年來，社工人員和研究人員都確認了，被領養對於嬰兒總會帶來某種程度的創傷。即便一出生就被領養，這還是中斷了母嬰之間從懷孕期就開始發展的情感：

如今，許多醫師和心理學家已經了解（母親和嬰兒之間的）親密關係，不是從出生開始，而是從出生前就開始了，是一種由生理、心理和靈性事件組成的光譜，一直延續到產後親密關係形成的時期。當這個自然演化過程因出生後與生母分離而遭到中斷，進而產生的遺棄感和失落，將會無法抹滅地刻印在這些孩子的無意識心理，造成我所謂的「原始傷害」。[20]

對於剛萌芽的心靈所造成的這種「原始創傷」，是核心羞恥感的中心。早期的創傷讓成長中的孩子有一種「自己的發展出了嚴重錯誤」的感覺，經常會導致以賈伯斯為代表的這種防衛性格結構（defensive character structure）。因此，精神分析學家奧托·康柏格（Otto Kernberg）將被領養的孩子，列為特別容易發展成自戀型人格違常的五個高風險族群之一。[21]

儘管史蒂夫．賈伯斯有眾所皆知的討人厭個性和問題多多的人際關係，但在他過世後，仍有千千萬萬人視他為英雄。即使畢克藍．柯得立被提告的官司仍在法院審理，但他仍繼續吸引一群忠心且尊敬他的學生。賈伯斯是創意天才，主要形塑了我們與現代科技的關係，而柯得立則是用教學幫助成千上萬人翻轉生命的大師。如果萬事通型自戀者能提供某種具特殊價值的東西，很顯然我們願意原諒他的自大浮誇本性和缺乏同理心。

如何應付萬事通型自戀者

像莫妮卡那樣的自私鬼，很輕易就可以辨識出來，通常也容易閃避（除非他是你的家人）；要是你無法逃離他們，可能會發現自己變得愈來愈不友善或是充滿敵意。你可能想「駁倒他們」，例如我出席那場冗長的宴會時，最後發現自己大多時候都不同意莫妮卡所說的話，因為她一直認定她比我們其他人都懂得更多。萬事通型自戀者受到比較輸贏的動力驅使，強迫我們去扮演比較差勁的角色，所以我們理所當然地想要扭轉局勢。那個晚上，我開了幾個挖苦莫妮卡的玩笑（讓其他家長笑一笑，開心一些），但是事後我覺得不太好。

與其去較勁誰高誰低，不如牢記著：驅動萬事通型自戀者的是羞恥感，即便你看不出來。了解到這一點，你甚至可能開始對這些必須不斷建立及保護自我優越感的人，產生一些憐憫之心。就像那位強調「此地無銀三百兩」的女士，她不停地主張懂得比你們更多，反而洩露了她為人的價值中潛藏著令人懷疑之處。

面對職場上的萬事通型自戀者時，挑戰更大，因為你別無選擇，必須得跟他打交道。最好的做法是忽略他提供的「有益」建議，或者對他禮貌道聲謝謝，然後繼續走你的路。若是你當面挑戰他的話，可能導致爭奪誰比較厲害的戰火升高。也許你可以嘗試解除萬事通型自戀者的武裝，像是示範謙卑、表達更靈活的觀點等，邀他從高人一等的所在地「走下來」。對他的觀點保持開放態度，但不見得要認同他。如果你沒有被他的優越感或高傲態度激怒的話，以幽默感來面對他也行，也許你會發現萬事通型自戀者有一點可笑，但終究是無害的。

身為神職人員、治療師或大師的萬事通型自戀者，比較危險一點，挑戰性也更大，因為我們事先就傾向相信他們。應付這種自戀者時要保持清醒，也就是說，一直要獨立思考。當然，「相信別人知道答案」是一件迷人的事。要找出人生的方向，對所有人而言都是一項挑戰。忍受情感困惑和靈性懷疑，可能是一種痛苦的經驗；因此，你可能急於把自己交付給一位治療師或大師，由他為你照亮前方的路。你不見得會自我承認，但也許你渴望把自己人生的權力，交給一位看起來知道答案的人。

保持懷疑。當你注意到有些人的行為不符合靈性或心理指引者的角色時，不要將它們合理化。別讓你聽從權威的傾向，模糊了你的判斷力。再提醒一次，應付這類萬事通型自戀者時，意味著向內看，充分了解你自己。我們當中有許多人渴望被拯救，相信某個人有真知灼見，可以告訴我們答案；但最終，我們仍得獨立思考。

08

Narcissist

我才對，你錯了

□ 霸凌型自戀者

□ 自戀型父母

□ 挑逗型自戀者

□ 浮誇型自戀者

□ 萬事通型自戀者

■ **自以為是型自戀者**

□ 懷恨型自戀者

□ 成癮型自戀者

某一天放學後，費歐娜上網搜尋了「虐待動物」（cruelty to animal）這個詞，她喜歡如此形容：「我的人生就此改觀。我知道自己的使命是什麼。」當時才十一歲的她，花了好幾個小時去了解「美國愛護動物協會」（ASPCA）、「善待動物組織」（PETA）和其他致力於動物權益的組織。她帶著震驚的心情閱讀了關於工業屠宰場的恐怖、製藥業對實驗動物的虐待，以及馬戲團動物的可怕生活。善待動物組織共同創辦人英格麗．紐柯克（Ingrid Newkirk）成了費歐娜崇拜的對象。費歐娜於十二歲生日過後沒多久，在一次家庭晚餐桌上宣布她要開始吃素。

她的母親說：「吃你想吃的，但是別期望我特地為你做菜。」

費歐娜解釋說：「動物也有感覺，就跟人一樣，現在我知道了這些事，我不能繼續吃牠們。那樣不對。」她瞪著放在其他家人面前的裝滿烤豬肉的盤子。

比她大六歲，正在讀高三的哥哥邁爾斯，給了她一個假裝稱讚的微笑。他用油腔滑調的語氣對她說：「費歐娜，你好善良。等我長大以後，我想跟你一樣。不，真的，我是認真的。」

他們的父母都笑了。費歐娜覺得自己像是家裡的局外人，沒那麼敏捷、那麼會說話。她那一本正經、嚴肅的母親說得很清楚，她是一個「意外」，他們沒打算生第二個孩子。自從她有記憶開始，費歐娜就一直覺得自己沒人要。

晚餐後，她獨自待在房間裡，想像著邁爾斯去歷經實驗室動物經常受到的虐待。像他那樣的蠢蛋罪有應得。

費歐娜在高中時變成校園的激進分子，追求一個又一個理念。她曾經跟幾個志同道合的追隨者，抗議學校餐廳沒有提供給素食者的選項。由於校方未正視她們的訴求，她們一群人便衝進校長室，展開靜坐抗議，此事件上了當地媒體。她對著電視臺的攝影機說：「素食者也有權利！」費歐娜在臉書附上這則新聞的連結，標題寫著：「他們終於開始注意了！」

儘管與其他學生一起推動許多抗議活動，但費歐娜沒有親近的朋友。有時她會跟熱烈認同她的理念的某個女孩走得很近，但只要這個新朋友質疑費歐娜的判斷，或是主張不要採取那麼咄咄逼人的做法，最後兩人就會鬧翻。

費歐娜常說：「如果你不站在我這邊，就是在反對我。」

其中一段友誼突然中止，是因為另一個女孩的家人向當地的飼養者買了一隻純種小狗。費歐娜看到那隻可愛小狗的照片後，立刻勃然大怒。

「在我看來，養寵物跟蓄奴沒兩樣，但你至少可以從庇護所領養小狗。當成千上萬隻受庇護的狗需要一個家時，你們卻去支持小狗繁殖場，實在大錯特錯。」

在那個女孩開口爭辯之後，她就被禁止不得再進入費歐娜的動物權益社團。

費歐娜在高三開學後開始吃全素。從大學法學院回家過感恩節的邁爾斯，像往常那樣嘲諷費歐娜的飲食習慣，但是費歐娜沒有上他的當。她的母親準備了傳統菜餚，費歐娜很不討喜地準備了自己的糙米、果汁、羽衣甘藍和黑豆餐點。在感恩禱告之後，費歐娜對家人說，今年她特別感激在過節時不需要犧牲無辜的生物。她給了所有人一個快樂的微笑。

邁爾斯的嘴裡塞滿火雞肉，他說：「你知道嗎？比起飼養紅肉，種植每公克小麥或稻米，所殺死的提供有用蛋白質的動物數量，高達二十五倍嗎？」他顯然研究了這個議題，準備用在這種時候。「當你整地要進行農作時，會殺光住在那裡的所有青蛙、老鼠和蛇。牠們也是動物，你要知道。」

費歐娜怒瞪著邁爾斯，完全不發一語。隔年，她離家去上大學後，跟父母保持有限的連繫，但跟邁爾斯完全不往來。

費歐娜十九歲時，跟共同創辦善待動物組織當地分會的庫柏談起了初戀，庫柏也吃全素。他們一起發動許多公開示威，獲得媒體的關注。但是當費歐娜想複製英格麗·

紐柯克著名的抗議行動——在學生會裡，用肉鉤將全裸的自己吊起來，宛如她是一頭牛的屍體——但庫柏告訴她，那麼做太超過了。

費歐娜回答道：「你要是不支持我的理念，就滾開。」

庫克氣沖沖地說：「比起你的理想，你更在乎的是受人矚目。」

她大叫：「去死吧！」

他們分手了，庫柏卸下他在善待動物組織分會的職位。當其他成員問起他為何離開時，費歐娜說他軟弱又沒誠意，「對他而言，那只是短暫的狂熱。」

你考慮過我的需求嗎？

許多素食者都強烈認為吃肉不道德，但是費歐娜對於朋友和家人的態度，反映出一種自認道德上高人一等的自以為是。她不僅不認同他們，還認為她的觀點比較優越，比他們的更有道德。她才對，而他們錯了。她是「好」人；如果人們質疑她的話，表示他們很「壞」，她會裝作沒看到他們。但是，如同她的前男友庫柏所言，她想要媒體關注的渴望，有時比道德信念的動力更強。她想要其他人看到她，承認她的優越。

自以為是型自戀者在各行各業都看得到，尤其在宗教組織裡更是常見。許多人都有珍貴的信念，但是自戀的信教者堅持炫耀他的奉獻，彷彿自己高人一等。他想要因為自己的強烈信念而受到推崇。他在口頭上稱讚基督教慈善活動，也常常批評他人。他會大舉支持有價值的目標，帶頭承諾或發起行動，引來外界的關注。他在直系家庭裡不太理人，同時也要求很多。他常跟親戚起爭執，對他們心生不滿，被認為很嚴厲或者缺乏同理心。

我的案主薇諾娜嫁給一個自認是靈性開悟和優越的男人馬克。他經常花好幾個小時專心研讀《聖經》，也常告訴薇諾娜，研讀《聖經》讓他了解到她身為妻子的缺點。如果他們吵架，他總是說她錯了，如果她能像他一樣，多花些時間研讀「上帝的話語」，就會看到自己的方向錯了。如果她膽敢批評他的行為，他會馬上發動針對她人格的反擊。

馬克不管薇諾娜的意願，訂立了每週行房三次的時間表。他還告訴她，根據《聖經》，家事和養育子女是「女性的工作」。每當他的時間方便時，就會去參加宗教的「避靜」（retreat）靈修，沒考慮到妻子和孩子。薇諾娜偶爾會抱怨他忽視她的需求，但他馬上先聲奪人地說：「你老是在說你的需求。那我的需求呢？你有想過我，還有我需要什麼嗎？」

後來，薇諾娜和馬克向教會的領袖尋求教牧諮商（pastoral counseling）。起初，教會領袖想保持中立；但隨著時間過去，馬克的自私和漠然程度顯而易見，最後他們支持薇諾娜想離婚的期望。幾個月之後，馬克一再寄電子郵件給協助他們的牧師和諮商師，指控他們在牧師職責上犯了靈性失職。他讓自己成了遭到教會前輩背叛的可憐人。他堅稱，在上帝的眼中，他是一個被冤枉的無辜者。

⁂

這些年來，許多案主都會在諮商過程中敘述他們在婚姻中的爭吵，憤怒地講述他們如何受到另一半虐待和誤解。每當我聽到怒氣沖天、義正詞嚴的譴責時，總會想到法庭上的陳述畫面，他們控訴討人厭的配偶，「證明」一切完全是對方的錯。我常覺得案主好像把自己描繪成超級好的人，是比非常壞的配偶優越許多的正直受害者。

這種爭執常見於一開始就將彼此極度美化的關係。如同我在第五章提到的，浪漫愛情是一種半妄想的心態，兩個人都認為對方是世上最有魅力、最迷人的人。他們成為彼此宇宙的中心，經常將彼此美化到某種程度。這種美化終究會消逝，伴侶各自對於對方發展出更實際的觀點，以及更踏實的愛。但是，仰賴自戀性防衛來抵抗羞恥感的人，無法忍受自己完全或精準地「被看穿」。隨著對彼此的美化開始崩解，他們會使用兩極化的陳述，聲稱自己才是贏家，讓對方變成輸家。他們常用具備嚴厲道德觀的粗暴語言，以自認有理的憤慨來向對方發洩怒火。

我的案主丹妮絲在跟丈夫艾瑞克激烈爭吵之後，經常不睡覺，花好幾個小時在內心重播雙方猛烈的相互指責，一再回想艾瑞克的不是，進而演變成完全的「人格暗殺」（character assassination）。她在下次諮商一開始的前幾分鐘，就會用「非黑即白」的措辭，來敘述他們的爭吵。雖然她不常說出口，但是她相信憑藉自己接受治療多年，會比艾瑞克更有洞察力和自覺，她認為艾瑞克對他自己一無所知，也不知道他的行為多麼具破壞力。她比較優秀和開明，他還活在黑暗中。她才是對的，他都錯了。

丹妮絲來自一個問題家庭；我在她還很年輕的時候，就開始幫她做諮商，當時她吸毒和做出自殘行為已經有一段時日。經過這些年的治療，她的進步相當大：她完成大學學業，發展了事業，嫁給另一位專業人士並生兒育女。然而，就跟許多在逃離羞恥感的人一樣，她發展出一種防衛性的治療後個性：從前，她因為問題家庭背景和早年自我的掙扎，經常覺得不如他人，如今，她自認為透過我們進行的心理治療所得到的見解，讓她變得很優越（是精神分析的贏家）。未受啟迪的艾瑞克發現他常被指派演出輸家的角色。

丹妮絲在內心底層（無意識地）對於自己用「瘋狂的」方式挑起那些戰火，感到羞愧與罪惡。丹妮絲在無止境地追求成為贏家的目標下，拒絕承認自己的能力有極限，在日常生活中往往承擔了超過負荷的事。結果，壓力讓她容易出狀況，她變得愈來愈健忘、易怒、動不動就發飆、對於家人的情感需求沒耐性等等，失眠也找上她。但她不是後悔自己做了不好的選擇，反而是去找艾瑞克的碴，不停地挑他的毛病，點燃雙方的戰火。

丹妮絲用非黑即白的二分法來看待此事：一、她都對，所有的錯都要怪艾瑞克；二、她實在是個闖禍的瘋子，我們可能都會放棄她，想要把她丟進馬桶裡沖掉。一旦承認是由自己引起這些爭執，就會把她跟羞恥感重新連結，因此丹妮絲十分熱中於維護自己的贏家形象。遭到攻擊的艾瑞克經常以牙還牙，罵她「瘋了」，用輕蔑的態度對待她。如果我想提出與她相左的觀點，她也會出其不意地攻擊我，指責我感覺遲鈍或是跟艾瑞克「同一陣線」來對抗她。艾瑞克在他們的婚姻瀕臨破裂時，開始接受我的一位同事的治療。

由於丹妮絲和艾瑞克都學會了拆除引爆兩人爭執的比較輸贏動力，讓他們的婚姻得以存活下來。隨著時間推移，丹妮絲愈來愈能容忍自己的羞恥感，承認自己的能力有極限，也更能照顧好自己。其實，跟自以為是型自戀者結婚，很少有這麼好的結果。就像蒂娜．史威森（見第五章）的例子，在漫長的離婚程序和爭取小孩監護權的殘酷過程中，前夫塞特主張一個錯誤的品德觀點：他堅持自己是行事永遠正直的君子，而蒂娜是個沒原則、操弄人，缺乏道德或應有價值的「爛女人」。

對大多數人來說，結束一段婚姻或長期的感情，感覺起來都像是一種令人痛苦的自戀性傷害。當伴侶不再愛我們、仰慕我們，通常都會刺傷人心，尤其在事發突然之下，我們常因這個經驗而感到受辱或羞愧（回想一下第五章的例子，吉蒂了解到佛倫斯基對她不感興趣時的反應）。當我們鍾愛的對象決定我們不再值得他們的愛，我們的自尊就會受到動搖。我們可能會質疑自己的價值，與世隔絕，獨自舔舐傷口。隨著時間推移，我們為這段關係的結束而哀悼，在過程中慢慢重拾自我價值感。

另一方面，如果我們無法忍容被拒絕所帶來的羞恥感，可能會以自戀性防衛來回應，把另一個人變成無價值的輸家。當娜塔莉（見第二章）聽到男朋友的手機語音留言，知道他打算拋棄她時，那份傷痛只持續一秒，便立刻轉成義正詞嚴的憤怒：「男人都是混蛋！」沒有人可以平靜地接受拒絕；我們可以理解並同情她的反應，因為我們知道她很痛苦。當她不再那麼困擾後，或許能好好地哀悼那段關係。

自以為是型自戀者從不悲傷，取而代之的是責怪。在薇諾娜和馬克的婚姻結束多年以後，馬克還在主張自己很可憐。也許你曾經近距離體驗過這種事，可能聽過友人責罵之前的配偶，把對方說得一文不值，讓你懷疑會不會有另一個版本的故事。當責罵聲愈來愈大時，你可能會想說：「但是你曾經愛過那個人。」遭到背叛的一方，特別容易出現這種義正詞嚴的憤怒，因為受辱的感覺會導致自戀性防衛，來抵抗羞恥感。

唐納德．納森森用憎惡（disgust，天生的情感之一）來形容這種動力。他解釋：「在人際關係的世界，每當有憎惡發生，一定是我們的自尊有了重大改變，或是我們對他人的尊重改變了。當我們把對方看成是純粹的憎惡對象，離婚可以被視為一種勝利的經驗。」[1]換言之，我們透過對曾經愛過的人產生憎惡感，來阻擋被拋棄的羞恥感（自尊有了重大改變）。根據納森森的說法，這種憎惡常以輕蔑的態度來表現，「我們憤怒地宣布另一個人……遠不如我們，拋棄他並不足惜。」[2]因此，我們高高在上，用對抗羞恥感的主要自戀性防衛機制之一的輕蔑，去判定另一個人是輸家。

這個解釋或許有助於釐清梅爾・吉勃遜（Mel Gibson）的行為中某些令人費解的矛盾點。他對前女友歐莎娜・格里戈里耶娃（Oksana Grigorieva）的辱罵、種族主義、厭女症，尤其是自以為是的嚷叫聲，讓他看起來就像是最高級的自戀粗漢。他在二〇〇六年七月對著一名馬里布（Malibu）的警察所說的反猶太言論，聽起來很像世界級偏執者的觀點，他覺得自己十分優越，而且充滿了蔑視。然而，有些好友立即為他緩頰。在好萊塢電影圈，「談到吉勃遜，幾乎沒有人說過他的不是，大多數都形容他是帶來歡笑的朋友，還有種種令人驚訝的慷慨行徑」。[3] 許多猶太人、同性戀者和黑人都把他當朋友，堅稱他不是恐同者，不是反猶太或種族主義者。

梅爾・吉勃遜在演戲生涯中，還有其他惹麻煩的言論，其中兩個最糟的例子發生在他的感情生變時。在他辱罵馬里布的警察之前，吉勃遜宣布他的太太想跟他離婚。他說：「我的人生完了。我衰死了，蘿賓要離開我。」[4] 一名好友認為，在警察要他把車子靠邊停時，吉勃遜「覺得他身為一個人，徹底失敗了」。[5] 我們可以看到他辱罵警察的行為，是想要轉嫁他覺得自己是輸家的難堪羞恥感。

梅爾・吉勃遜對於他和格里戈里耶娃的電話對話錄音的辯解，讓對話的殘忍程度淡化了一些。他的解釋沒錯，我們「應該把它放在適當的背景下來看，當時正是為分手吵得不可開交的時候」。[6]如果你聽一聽那些在網路上流傳的電話錄音，可以聽出他聲音裡的極度痛苦。[7]他講的話很無禮，但是他的語調洩露了他痛苦得不得了。吉勃遜被羞恥感淹沒：他長年的婚姻失敗了，下一段關係變成一場災難。無疑地，他覺得自己完全是個輸家，用責備、輕蔑和自以為是的憤怒來保衛自己，對抗這樣的恥辱。

當然，這兩段關係會劃下句點，有一部分跟他眾所周知的酒癮問題有關。我們將在第十章討論羞恥感引發成癮的行為。

自戀偏執狂

帶有種族歧視態度的人，可能是從周圍的世界吸收到那些觀點：種族歧視主義社會往往有制度且祕密地教育公民不要寬容。但是其他的例子，像梅爾・吉勃遜這樣有種族歧視觀點的個人，就跟他們所處社會環境的價值觀直接起衝突。若要了解這些人，我們得看一看自戀的動力：種族主義者有時是自戀者，以這些被他視為低一等的種族和少數族群為代價，去增強他的自我形象。

我是贏家，而你身為X組的成員，是個輸家。

霸凌型自戀者（見第三章）經常帶有種族歧視的態度，以自以為是的狂熱去迫害少數族群。「他們覺得自己比所攻擊的目標更優越，認為自己有能力和權利去虐待他們。他們也會勸別人改變信仰，相信只有他們才擁有真相，他們的方向是唯一正確之道……他們純淨無瑕，而別人骯髒汙濁。」[8] 簡言之，帶有種族歧視的自以為是型自戀者認為，自己是開明的，他的受害者是低等、可鄙的輸家，罪有應得。就像所有的極端自戀者一樣，他明顯缺乏同理心。

偏執者的自以為是，體現了一種用來對抗自己所恐懼或討厭之面向的自戀性防衛，他一直拒絕接受那樣的自己，便將它投射到「較低等的」他人身上。恐同症（homophobia）提供一種有用且常見的例子。多年來，許多心理學家都在推測，那些表達強烈恐同態度的人，祕密地隱藏著同性的吸引力，而近來有好幾個研究提供了以經驗為依據的證據，顯示這個推論事實上是正確的。[9] 恐同者為了維護他們經過美化的異性戀自我形象，否認他們自己的吸引力，還鄙視其他人「內在」的感覺。

恐同者經常帶著自以為是的優越感，用宗教信仰的語言，表達無法接受同性戀的行為和性關係。喬治・雷克斯（George Rekers）就是一大明證，身為心理學家和美南浸信會（Southern Baptist）牧師的他，職涯中大多數時間都致力於將青少年同性戀轉為異性戀。他提倡一種心理治療法，利用反感的反制約作用（counterconditioning），來處罰不符合性別刻板印象的行為，並獎勵那些做到的人。雷克斯對於自己觀點的正確性深信不疑，曾經在好幾件有名的案子作證，談論同性戀的不道德和破壞性，指稱它有罪，與上帝的律法對立。

二〇一〇年，喬治・雷克斯被拍到跟名叫盧辛（Lucien）的男伴遊前往歐洲旅行，盧辛是從租男孩（Rentboy）網站聘來的，原本是要幫雷克斯提行李。儘管雷克斯聲稱他不知道這個男孩是男妓，但是盧辛在事後接受訪問時堅稱，他受雇就是要提供裸體性按摩服務。另一名伴遊兼前色情片明星卡爾・薛波德（Carl Shepherd）宣稱他在一九九二年受雇提供類似的服務，並且提出他對雷克斯的痛苦心理的見解。在按摩結束後，雷克斯詢問他關於拍色情片的事，薛波德說了一些親密的細節。雷克斯「看似真的感到很噁心。他的臉扭曲成一團。他給了我一百五十美元，我就離開。但是最後變成那樣，我覺得有點良心不安。我記得，當時心想我真的讓他作嘔了。」[10]

根據典型心理分析理論，噁心常常體現了「反向作用」（reaction formation），這是一種用來對抗禁忌或無法接受之衝動的心理防衛。為了要否認他充滿羞恥感的同性戀自我，雷克斯對自己的性慾發展出嫌惡感，打造一種美化的虛假（異性戀）自我，將整個職業生涯專注在那些具相同性傾向的人是有缺陷且有罪的論據上。他變成名正言順的反同性戀鬥士，在關於他真正的天性上，欺騙了自己和其他所有人，假扮成受人敬重的權威人士。

當自以為是型自戀者在大舞臺上發展事業，例如從事政治、娛樂業或職業運動，就有了強而有力的平臺，可以表達對他自己羞恥感的不屑和否定，就像喬治・雷克斯、泰德・哈格德（Ted Haggard）這兩位福音牧師，以及前愛達荷州參議員拉里・克萊格（Larry Craig）。他們口中的公義帶著宗教性的語調，掩飾了他們的輕蔑。他們假裝謙遜，非常忠於《聖經》和「傳統的」道德價值，可能隱藏了他們參與某種運動的真實目的：支持那個經過美化的防衛性自我形象，遠離羞恥感。

有時，自以為是型自戀者對他人的不屑則過於明顯。有些知名自戀者不會躲在美德面具後方，而是在膨脹浮誇的自我形象時，把謙遜擺在一邊，利用他們的力量和地位去表達輕蔑。雖然「自以為是」通常意味著一種道德感或宗教優越感，但沒有宗教信仰的極端自戀者，仍可能被視為自以為是。有些自戀者用自以為是的方式表現自己，因為他們自認為比別人更知道該如何因應，或該有什麼樣的觀點才對。他們不是去遵循《聖經》或傳統的道德價值，而是視自己為權威的最終來源。

就如同霸凌型自戀者為了支撐自己的贏家地位而逼迫受害者，帶著大聲公的自以為是型自戀者，也需要一個可以羞辱的敵人，以展現他過人的判斷力。位居權力高位的話，他可能公開欺負部屬，不把他們當一回事。他經常會找碴，公開挑起事端，藉著嘲笑他的敵人是輸家、白痴和滿腹牢騷，來「證明」自己高人一等。而且就像萬事通型自戀者一樣，他一定永遠都是對的。

贏家全拿

唐納．川普的父親佛瑞德．川普（Fred Trump）期望兒子們全都成為無情的競爭者，對敵人不必手下留情。他告訴他們：「要當個殺手。」佛瑞德．川普就像老虎．伍茲的父親，認為世界上只有兩種人——贏家和輸家；川普家每個人當然都要當贏家。身為紐約市布朗克斯郡（Bronx）的房地產開發商，佛瑞德遵循高度成功的父親之腳步，已經賺進數百萬美元。他預期兒子佛瑞迪（Freddy）、唐納和羅伯（Robert）的表現不會比自己差。

雖然長子通常被栽培成要接下父親的棒子，但是佛瑞迪的樣子看起來不太像。昔日學校好友形容他是「一個真正和善的人，沒有壞心眼，也不好鬥，有點可憐，真的」。[11]

佛瑞迪進入家族企業後，每當他犯錯時，父親就會公開斥責他，但當他表現良好時，卻得不到稱讚。如果佛瑞迪在父親面前表現出軟弱或害怕的話，就會引發父親鄙視他的怒火。加上他對知性感興趣，讓父親把他看成「窩囊廢」。佛瑞迪開始大量抽菸、酗酒，最後在四十二歲死於「由近乎自殺式的嚴重酗酒所引起的心臟病發作」。[12]

如果唐納．川普沒有變成佛瑞德所期望的殺手的話，很可能也會步上哥哥的後塵。唐納從很小的時候就開始有超強的好勝心，無論做什麼事都一定要做到最好。他還不把權威當成一回事，讓父母很頭痛，最後將他送進以「約束無法無天的年輕人」能力著稱的紐約軍事學院（New York Military Academy）。[13] 唐納在那裡的表現變好了，將好勝的熱情投入運動，不過沒交到好朋友。唐納在紐約軍事學院第一年的室友泰德．李文（Ted Levin）說：「我想是因為他太好勝了，跟朋友在一起時，不能一直都在競爭。他像是在四周築了防衛牆，不讓任何人靠近。」[14]

不像父親佛瑞德靠著在布朗克斯郡建蓋中收入戶的住宅致富，唐納．川普放眼曼哈頓。唐納也不像父親那樣避免引人注意，總是在幕後默默建立政治結盟，而是想要出名。此外，他不像父親那樣，「本人內向且不自在」，[15]而是性急且健談。參與唐納最早期的合約談判的前商學院教授奈德・艾克勒（Ned Eichler）回憶道：「他就像出自史湯達爾（Stendhal，譯註：法國十九世紀小說家）作品裡的英勇角色。一個來自地方、野心勃勃的男孩，充滿自負，想要在城裡闖出一片天。」[16]

自從唐納・川普踏入職場後，就公然表現得很浮誇，有一種明顯誇大的傾向，為了製造他想要的印象，經常把事實擺在一旁。他總是用誇大的字眼來形容最新的建案，像是：全世界最高的大樓、紐約最大型的開發案、這個城市有紀錄以來最大筆的不動產收益；市面上最迷人、奢華、昂貴的公寓大樓等等。「無論在哪個場合，他總是在競爭，總是專注在如何讓他做的事，比之前任何人所做的，看起來更大、更棒。當他輸了，他會說自己贏了；當他贏了，他會說自己贏得更多。」[17]

真正的事實為何並不重要，若是有人質疑他所說的版本，他會發動攻擊。唐納・川普永遠都是對的。在一九九〇年代初期，隨著不動產市場崩盤，他的帝國看似在過度債務的重壓下，即將「內爆」（implode），他怪罪許多最親近的顧問和員工，包括那些先前強烈反對他投入更高風險的投資事業的人。「他無法承認自己拒絕去注意他們的警告，也不願對自己的行動所造成的問題負起責任。」[18]他將他們一個個開除，或者趕走他們，拒絕付薪水。

他利用媒體大肆嘲笑敵人，也就是那些跟他意見相左，或是沒有照著他的話做事的人。在唐納．川普做生意的初期，當市長柯屈（Ed Koch）在他打造名為「電視城」的超大型建案時，沒有提供大幅減稅，唐納便「砲轟市長『低能』，呼籲彈劾他，要求調查柯屈涉及的不法行為」。[19] 在另一個開發案的核准公聽會上，一名當地居民說唐納．川普把紐約的納稅人當成「好騙的鄉下人」，他馬上暴怒，大聲說：「胡說八道！那個女的大肥豬不知道自己在說什麼。一派胡言！」[20]

曾經跟唐納．川普密切共事的人，都熟悉他責備、自以為是和輕蔑的管理風格。當事情的發展不如意時，他就像火山大噴發那樣，尖叫、飆髒話，罵人懶惰和無能。[21] 在川普廣場（Trump Plaza）飯店為貴賓裝潢專屬休息室的期間，經理史帝夫．海德（Steve Hyde）一再向老闆解釋，休息室某些區域的天花板得降低高度，才能覆蓋它正上方的豪華套房的管線。因為他知道川普不喜歡低的天花板，想確保老闆了解狀況。但後來有一天，川普與其他主管跟海德一起巡視這個新會所時，他的反應是震驚又憤怒，彷彿海德從來沒提過這件事似的。

川普說：「這是在搞什麼？誰把天花板弄得這麼低？」

海德回答：「唐納，你早就知道這件事，我們討論過了，如果你記得的話，計畫是……」

此時，唐納．川普突然跳了起來，用拳頭去敲牆面。接著，他大罵海德：「你這個狗雜種！混蛋！你當時在哪裡？你的頭去哪裡了？」川普狂罵了很久，「在二十個人，同事和專業人士面前羞辱（海德）」。[22]

史帝夫．海德在川普廣場飯店的繼任者是傑克．歐唐諾（Jack O'Donnell），他也受到類似的對待。歐唐諾在剛上任時就已經習慣唐納．川普「突兀的舉止，譬如他常掛在臉上的特有不自然笑容」。[23]多年下來，他忍氣吞聲，接受唐納總是忽視他的建言並在最後怪罪於他的習慣。歐唐諾忍耐唐納的輕蔑、暴怒以及不知感恩。他聽著唐納大罵一個接一個不聽他話的人，從白痴、傻瓜、該死的低能、小混蛋，但不知道他指的是哪些事。

當唐納．川普把大西洋城最大的川普賭場「川普泰姬瑪哈」（Trump Taj Mahal）開幕時發生的一連串危機，怪罪到傑克．歐唐諾頭上後，歐唐諾再也無法忍受了。怒不可遏的唐納先是指責他跟滾石合唱團談了一個很糟的演唱會合約，但歐唐諾先前就建議過合約內容不妥。接著，唐納又把糟糕的合約怪罪到歐唐諾的好友兼前同事馬克．艾泰斯（Mark Etess）身上，而艾泰斯不久前才死於悲劇性的直升機意外。歐唐諾最後忍無可忍，開始為朋友辯護。

唐納·川普的回應是大噪門全開，攻擊歐唐諾在他獲利最高的資產上的工作績效。「我真他媽的受夠那些結果，我真他媽的受夠了看那些爛數字……你跟我說你不能做這個，你不能做那個……我真的受夠了，不想再聽到你跟我說不！」[24]

傑克·歐唐諾無法再忍受唐納·川普自以為是的鄙視，還有不停攻擊他的人格，當天就辭職了。

如何應付自以為是型自戀者

如同傑克·歐唐諾從痛苦的經驗中學到的，自以為是型自戀者不會聽理由，對於根據事實和邏輯的論點完全無動於衷。他利用鄙視和怒氣去支撐自己的地位，讓不同意他的人沒有置喙的餘地。當他犯的錯誤或失敗威脅到自尊時，很快就會怪罪到別人的頭上。他不去感受自己的羞恥感，而是去侮辱旁邊的人，強迫他們替他扛起來。

要應付職場上的自以為是型自戀者，你的不成文工作內容通常包括讓他免於難堪。你得經常替他犯的錯負起責任；有時你得忍受羞辱，好讓他保有美化的自我形象。別白費力量跟他講道理。他聽不進基於事實的主張，而且死也不會改。你可能認為他對待你的方式完全不公平，但別忘了，在自以為是型自戀者的世界觀裡，公平一點也不重要。

我認識一位跟自以為是型自戀者共事的訴訟律師，那個自戀者經常把自己的錯誤怪罪到這位女律師的頭上。起初她會抗議自戀者同事的批評不公平，但這通常只是讓他繼續加強怪罪的力道，帶來更沒完沒了的憤怒攻擊。最後，女律師學會了最有效的策略是：順應對方，簡單地道歉，扛下責任。「我真的很抱歉。我該做什麼來解決問題呢？」這個辦法能讓自戀者同事的怒氣消退，卻代表女律師得嚥下自尊心。如果你發現自己的工作情況與前述情況很類似的話，就要考慮繼續做下去的價值，是否大於必須忍受的羞辱和痛苦。

跟自以為是型自戀者當朋友時，只要你持續支持對方美化的自我形象，應該就能免於遭受攻擊。當他跟你說，他與其他人意見相左時，即使你相信那些人不見得如他所說的是該怪罪的一方，你還是得以同情的態度來聽他說話。千萬別批評他。也許你認為真正的友誼包括說實話，但自以為是型自戀者不想聽實話。因此，你得決定這個

「友誼」是真的讓你滿意。它值得你持續忍受扭曲事實嗎？你真的想在珍貴的私人時間當中保持沉默嗎？

戀愛時，尤其在初期的美化階段，你可能看不出自己正在跟自以為是型自戀者交往。你很自然地享受被對方美化，一開始，你也不會去質疑他經常嚴厲地指責他人。因為你陷入愛河，想表現出支持對方的態度，關於他批評別人的話語是否持平，你不想出聲質疑。一旦你跟對方成為情侶，第一次出現重大意見分歧時，你將發現自己也受到相同的嚴厲抨擊。從美化轉變成殘忍，可能讓你震驚不已。你可能因為跟戀人失和，感到一股悲傷。

在像這樣的大吵之後，隨著時間過去，自以為是型自戀者可能對自己的身分更有把握，也許會開始認錯，試圖重新建立你們相互美化的狀態。當你為了失去的浪漫氣氛而傷心難過時，可能非常歡迎他道歉。你可能原諒他，並欺騙自己說「吵架只是單純誤解的結果，僅此一次，不會再發生了」。以第五章提到的蒂娜．史威森為例，她和塞特在交往初期大吵時，塞特都會猛烈攻擊蒂娜的自尊，隔天再送花和浪漫紙條給她，要求原諒。她過了好幾個月才看出這個模式。

就像蒂娜．史威森那樣，你必須認清跟自以為是型自戀者談戀愛時，意味著反覆的攻擊和羞辱。別讓對於美化愛情的渴望，遮蔽了你的雙眼。別藏著虛妄的期望，以為你的愛人會改變，讓你重拾浪漫的幸福。就跟大多數的極端自戀者一樣，這類型的自戀者很少會改變，而是藉著愈演愈烈的責備、鄙視和怒氣，來支撐他美化的自我形象，所有的苦果都會由你吞下。

09

Narcissist

要是你質疑我，我就傷害你

□霸凌型自戀者
□自戀型父母
□挑逗型自戀者
□浮誇型自戀者
□萬事通型自戀者
□自以為是型自戀者
■**懷恨型自戀者**
□成癮型自戀者

在愛倫坡（Edgar Allan Poe）的恐怖小說《阿蒙提拉多酒桶》（*The Cask of Amontillado*）中，故事的第一人稱敘事者蒙特里梭（Montresor），把毫無戒心的朋友弗圖納多（Fortunato）引誘到酒窖去；蒙特里梭先拿出充足的酒讓弗圖納多喝醉，然後用鏈條把他綁在壁龕中，接著用磚塊堵住開口，讓弗圖納多在那裡死去。故事的第一句話就提供了他的殺人動機：「我一直在盡力忍受弗圖納多對我的無數傷害，但是當他大膽侮辱我時，我發誓一定要復仇。」

如同蒙特里梭，懷恨型自戀者將「寶貴的自尊心」受到傷害，視為對他的人身攻擊，然後猛烈地加以報復。他的臉皮非常薄，就算沒有人故意針對他，還是常覺得被冒犯。他會對無心的言詞做出懷有敵意的回應，經常讓那些遭到敵意攻擊的人感到很困惑，因為看起來他對於所認為的侮辱小題大作了。第二章介紹的人類心理學觀點，有助於解釋這種行為。

根據**錯誤歸因原則**，人類傾向去推測不存在的事：我們常認為，如果自己感受到某種特定的情緒，一定是有人故意讓我們有這種感受。舉例來說，我們有時會感到火大，在那個當下，我們通常會覺得別人很煩，好像他們就是影響我們情緒的主要原因。我們甚至可能覺得受到他們的行為所迫害，彷彿他們是故意要惹火我們。

當無意識羞恥感快要進入意識中時，懷恨型自戀者會覺得受到攻擊。核心羞恥感是一種令人極度痛苦的感受，而基於錯誤歸因原則，懷恨型自戀者認為是「有人想要讓他感受那種痛苦」。因此，當你不經意地做了或說了一些點燃他的羞恥感的事，他就會覺得你在攻擊他。他的回應可能看起來很不合理。你也許想跟他爭論說：「我不是那個意思！」但是，就如同蒙特里梭用磚塊把壁龕堵住時，對於弗圖納多的求饒絲毫不為所動，懷恨型自戀者完全聽不進去。他可能猛烈攻擊並「反咬你一口」，或是想辦法摧毀你。

比較輸贏的動力是自戀者與生俱來的，極端自戀者在比賽和運動中都會輸不起。每當比賽輸了，就會讓他們暴露在羞恥感之下，會覺得自己受到攻擊，於是訴諸於自戀性心理防衛。他們拒絕為失敗負責，而是會責怪隊友，或是指控對手作弊。他們會用優越感和蔑視他人來躲避這種感覺，也可能被憤怒的情緒淹沒，採取惡意的手段來攻擊對手。

就像老虎．伍茲只要揮桿不順就亂罵桿弟，輸不起的人在受到羞恥感威脅時，會突然去攻擊離他最近的旁觀者，而且經常使用惡毒的方式。在職業網壇上，約翰．馬克安諾最有名的事蹟是，只要判定的結果對他不利，就會辱罵裁判；[1] 吉米．康諾斯

（Jimmy Connors）經常因浮誇行為和言語攻擊裁判而登上媒體頭條；小威廉絲（Serena Williams）、安迪・羅迪克（Andy Roddick）和瑪蒂娜・辛吉絲（Martina Hingis）都被運動迷貼上「輸不起」的標籤。YouTube 網站上有許多影片，記錄下他們對於不利自己的判定結果的反應，這些球員每次都想要用輕蔑的語氣來羞辱裁判，用自以為是的憤慨來當擋箭牌。他們經常看起來好像覺得受到迫害，於是用惡毒的話語去攻擊裁判的人格。

懷恨型自戀者也會出現在職場上。高度好勝的他，想像自己被敵人包圍，如果其他人成功了，就會嫉妒那個人。他可能在沒有被人冒犯的情況下，仍感到受傷或生氣。如果他感到深受某個競爭者威脅的話，可能會想辦法摧毀對方的工作，或是把對方趕出公司。即便敵人已經辭職或被開除，他的恨意仍可能持續很久。

你永遠都別想在這個城市工作

泰勒・麥歐文從大學畢業後，就在多米尼恩公司的行銷部工作，至今已六年，發展了品牌行銷的專業能力。他的工作表現一直受到好評，職位一路晉升，如今帶領一個資訊科技專員小組，負責管理公司的網站、電子郵件行銷和搜尋引擎優化。他在多米尼恩公司工作期間，總是跟同事和上司相處融洽。當行銷部主管宣布他將另有高就時，泰勒明知自己得到那份工作的希望不大，還是要求上司考慮讓他接任該職。但他知道自己還不夠格。

泰勒到外地出差參加貿易展時，聽到多米尼恩公司已經從對手那裡挖角了一位他從沒見過的人接任行銷部主管。泰勒出差回來後第一天上班時，在踏進個人辦公室之前，就被行銷部新主管菲爾攔了下來。但當時他沒想到那是他的新上司。

菲爾告訴他說：「我馬上就要推特（Twitter）新宣傳活動的報告，今天下午我要見總經理。」

這時還有點時差的泰勒回應道：「抱歉，你是……」

泰勒在說出口之後，才了解到他是誰。菲爾看起來受到強烈的冒犯，他倒退一步，整張臉因不屑而扭曲。

菲爾厲聲說：「你的上司，你這個天才。」他加了一句：「我中午前就要。」接著轉身離去。

那天早上稍後，當泰勒．麥歐文提交報告時，試圖向菲爾道歉，但是遭到斷然的拒絕。從那一刻起，無論泰勒怎麼做，都無法取悅他的新上司。當他提出將一系列教戰文章放在公司網站的計畫時，遭到菲爾的否決。

「我們應該發展更多影像內容才對。」

「我同意。我之前就提過了。問題是預算，我們沒有資金。」

「讓我來擔心資金的問題，你只管提計畫給我。」

泰勒．麥歐文感到很興奮，也許他終於能幫網站製作影片了。他先前已經多次跟一名開設小型製作公司，替當地市場拍攝平價電視廣告的朋友，討論過可行性。見過菲爾後，泰勒花了好幾天努力擬好一系列六十秒短片的提案，並在朋友的協助下，整理出一份預算表。當他將提案當面交給上司菲爾時，菲爾說：「這是什麼？」

「你要求要放在網站上的新影片內容。」

菲爾把提案退還給泰勒。「我們沒有這筆預算。」

「但是你說過你會想辦法。」

「我沒說過那樣的話。」

泰勒．麥歐文的內心很憤怒，但是努力按捺下來。當他要走出去時，菲爾叫住他。「嘿，麥歐文，我聽說你想接下我的工作。」泰勒轉過身去，看到菲爾給了他一個沾沾自喜的笑。

泰勒的嘴上說：「我想比較厲害的人贏了。」但說出這句話簡直要他的命。

菲爾的嘴笑得更開了。「你說的對極了。謝謝。麥歐文。你可以走了。」

泰勒太過生氣了，以至於做出錯誤判斷。他沒給自己冷靜的時間，就寄了一封附上那份影片提案的電子郵件給總經理。「我知道先前討論過拍影片似乎不可能，但是我找到了壓低預算的辦法。請見附檔的提案和預算。」

隔天，菲爾衝進泰勒的辦公室，大聲尖叫到同一層的所有人都聽得到。

「你敢再繞過我越級試試看，我一定把你的肺挖出來，把你撕開，讓你在地板上流血過多而死。你聽懂了沒？白癡？你以為你算哪根葱，竟敢越級上報？你這個小混蛋。」

泰勒啞口無言。他應付過許多壞脾氣與暴怒的人，因為公司裡到處都是自我意識強烈的人，但這是全新層次的辱罵。

他結結巴巴地說：「你不能那樣對我說話。」

菲爾咆哮道：「老子高興怎麼跟你說，就怎麼說。」他衝出泰勒的辦公室，甩門而去。

情況愈演愈烈。菲爾寄電子郵件，要求泰勒持續彙報工作進度，而且總是用嘲諷語氣回覆。行銷小組會定期開會，但是泰勒很少收到開會通知。在他出席的會議上，菲爾公然表現出瞧不起他的樣子，嘲笑他提出的建議。有一次，菲爾甚至用筆丟他。當泰勒環顧會議桌尋求支持時，同事紛紛垂下頭。菲爾已經恐嚇過所有人，沒有人想要惹惱他。

如今，泰勒晚上無法入睡，在早上出門上班前，有時會感到噁心，擔心自己可能會嘔吐。終於，他為了貿易展而到洛杉磯出差，遠離辦公室讓他鬆了一口氣，但是即便到了加州，他還是逃不了。菲爾寄威嚇電子郵件給他，要他每天交報告，說明每分每秒在做什麼。他回公司後，菲爾要他詳列支出的報告，並且質疑每個項目。他拒絕幫泰勒報銷從機場到飯店的計程車費，堅持泰勒應該要搭飯店提供的接駁車。

泰勒的壓力實在太大了，最後決定去找人力資源部主管邦妮，但看起來邦妮並不是很同情他的苦境。

她問：「如果他那麼惡劣的話，為什麼我沒收到其他人的申訴？」

「他們全都很怕他。」

邦妮用懷疑的眼光看著他。「你有試著跟他談一談他對待你的方式嗎？」

泰勒嘲諷地說：「你不能跟菲爾談。你只有聽的份。是的，我試過了。」

邦妮告訴他：「我將看看我能做什麼。」泰勒知道這次會談不會有任何結果。

他絕望地說：「我有電子郵件，我有好幾個證人。我可以證明我說的是事實。」

從邦妮的表情看起來，泰勒了解到自己變成一個可能對公司提告的問題員工。如今，他變成公司的敵人。

接著，泰勒諮詢了一位律師，律師建議他開始記錄每次遭受對方冒犯的經過，並保留他們往來的電子郵件。律師還建議泰勒開始去找新的工作。

泰勒不同意，「但是，這代表那個混蛋贏了。」

「不要跟那個傢伙短兵相接，這是我的建議，你會輸的。」

有一天，當菲爾再度當著所有行銷部人員的面奚落他時，泰勒終於遞出辭呈。他預告兩週後離職，並且找了獵才顧問，對方保證，以他的專業和經驗，要找工作不難。這位女性獵才顧問幫泰勒介紹了好幾個工作，卻都沒讓他得到面試的機會，後來她的語氣聽起來有些沒把握，她告訴泰勒：「你前公司的上司對你的工作表現評價不佳，我猜他要讓你好看。」

那天晚上，泰勒在家裡接到菲爾的電子郵件。「你永遠都別想在這個城市工作。」

他還在署名處附上邪惡的笑臉圖。

絕望的泰勒再度去找律師。他們提出一份完整的事件報告給多米尼恩人力資源部，並附上菲爾完整的辱罵電子郵件直到他最後的恐嚇。律師在隨件寄出的信中表示，他們下一步將以「蓄意施加痛苦，造成情緒困擾」為由提告。多米尼恩公司最後同意和解，包括金錢賠償，並且再度保證，未來所有的推薦信都會是正面評價。當獵才顧問再度替泰勒遞出履歷表後，新公司很快就通知他去面試，並且當場就錄取他。

但是，菲爾並沒有失去在多米尼恩公司的工作。

如同第八章提到的自以為是型自戀者，懷恨型自戀者必須永遠都是對的。如果你質疑他的威信，你不僅錯了，還讓自己變成他的敵人。他將會持續攻擊。如果你反擊的話，他會想辦法毀了你。如同泰勒的律師告訴他，跟懷恨型自戀者「短兵相接」必輸無疑。為了證明誰才是贏家，這將導致猛烈的戰火愈演愈烈。

在夫妻之間，如果有一方高度自戀，爭吵時也會出現類似的情況。例如，我的案主亞當每隔幾個星期在跟妻子莉莉激烈大吵之後，總會帶著絕望的情緒來諮商。他們的爭執通常因很小的事情而起：亞當太晚下班，忘了打電話回家；或者他們一起騎單車，他騎得比她快；他熱烈表示支持她要去大學念書的決定，她卻指責他只在乎金錢和地位。

她哭喊著：「你覺得我不夠好。」

如果亞當替自己辯解的話，莉莉的批評力道就會更強烈。「只在乎金錢」演變成「你根本不懂得愛。你永遠都不會懂。」至於忘了通知他會晚下班的事，升級成「你自私到令人無法置信！你只顧自己，從不管別人的死活！」她指責亞當在騎車時證明自己比她更有力、更持久，是故意要讓她難堪。「你太好勝了！只在乎要贏！」**絕不，總是，沒什麼。**當夫妻的爭吵扯到羞恥感與自戀時，遣詞用句會變得愈來愈絕對。亞當時常回應說：「那麼說不公平；我沒那個意思！」但這只會讓莉莉更加火大。

「真該死浪費了這些年！我要離婚！」

但在冷戰一、兩天之後，莉莉會「忘記」他們的爭吵，以及她說過的惡毒話語。她不記得跟亞當說過她要離婚。他沒料到自己會在上班時收到愛意滿滿的簡訊，或者回家時發現莉莉已經在晚餐桌上擺好蠟燭和鮮花。她絕口不提冷戰的事，並且表現得十分愛慕亞當，說自己是「世界上最幸運的女孩」。

莉莉反覆無常的性格，展現出許多邊緣性人格違常的特徵，但同時她又高度自戀，深受羞恥感所苦。她在拖車公園長大，曾經遭到祖父和哥哥性猥褻。她在高中時輟學，十七歲就因為懷孕而結婚。第一段婚姻僅維持幾年，離婚時為了孩子的養育費，打了很久的官司。相較之下，亞當出身教育良好的完整家庭；他有高等學歷，而且在專業領域相當成功。

莉莉在無意識層面感覺自己是個輸家，難以承受羞恥感所帶來的極度痛苦。在對抗自戀性傷害時，一旦她覺得自己被人看扁，就會變得惡毒。她在跟亞當爭吵時，每當羞恥感快要出現，就會點燃內在比較輸贏的動力，而且她感受到亞當是故意要讓她難堪。一旦開啟戰火，她不擇手段一定要贏，一路毫不留情地猛攻亞當的自我價值感。換言之，莉莉藉由惡毒的行為，將內在難以承受的缺陷和傷害感受，轉嫁給丈夫。

蒂娜．史威森（見第五章）也經歷過前夫塞特對她時而美化、時而貶到一文不值的類似對待。他們剛交往時，他很寵愛她，大方送禮物、鮮花和昂貴的旅遊行程，然而，她逐漸明白在他的眼裡，自己低了一等。他提到自己的父母都受到良好教育，是婚姻美滿超過三十年的上流人士。另一方面，蒂娜出身破碎的家庭；她得忍受高度自戀的母親折磨，她的母親後來自殺。蒂娜也沒有上大學。

在他們結婚前的一次爭吵中，蒂娜批評了塞特的衝動行為，讓塞特變得很惡毒。他對她說：「你是精神病！你是白垃圾（white trash，譯註：指貧窮且教育程度不高的白人）！」[2]由於她不認輸，塞特便直搗她的要害：「你跟你媽一樣都是躁鬱症患者，你需要求助。」懷恨型自戀者經常知道要如何做才能傷人最重。如同蒂娜形容的，「他知道說哪些話會讓我的內心十分痛苦。我死也不要跟我媽一樣。他的話傷我至深。從來沒有人對我說過那麼傷人的話。」[3]在蒂娜決定分手後，塞特花了好幾個星期利用鮮花和卡片，想要贏回她的心，而且還低姿態地寫了道歉的電子郵件，最終成功讓她回頭。

幾年後，當蒂娜．史威森終於決定要離婚，塞特的行為變得愈來愈具報復性。他用惡毒的電子郵件轟炸她，揚言要散播她與人雜交的謊言。某晚，當她不再接他的電話之後，他留下了醉醺醺、怒氣沖沖的語音留言：

在明天星期六早上八點，我要把你所有的照片寄給三千個人，最終，蒂娜，你將在社區裡身敗名裂。我不在乎，我覺得你是白垃圾，我覺得你是妓女。

我會寄電子郵件給三千個人，顯示你有多麼不貞，最重要的是蒂娜你是壞人。

你是白垃圾妓女……你是輸家。你了解嗎？我會在法庭上證明。你是輸家，你是白垃圾。你是白垃圾，你懂嗎？[4]

出於想傷人的報復心態，塞特讓蒂娜感覺自己像是輸家，以摧毀她的自尊。在難看的離婚訴訟，以及漫長的孩子養育與探視爭奪戰過程中，塞特用輕蔑的態度對待蒂娜：「你是個可悲的人，沒價值，沒受教育。」[5]

在追求期和剛交往時，塞特經常對蒂娜說，他是「高中最受歡迎的人。他是每個運動隊的隊長。他會衝浪。每個女孩都愛他」。[6] 事實上，蒂娜後來從塞特的一個童年玩伴口中得知，他以前「害羞、不受歡迎，而且不擅長社交」。[7] 塞特美化他的父母，結果證實他們的婚姻包括了一連串的外遇和爭吵。因為苦於難以承受的缺陷和自卑感，塞特創造了一個美化的自我形象，並且在受到蒂娜質疑時，就變得很殘暴。他想摧毀她的名聲，強迫她背負他所轉嫁的羞恥感：她是可鄙的輸家。

懷恨型自戀者不見得都會毫不掩飾地表現出來；他們的惡意對那些不熟的人而言

可能很隱約，有時看不出來。例如，我的案主薇諾娜的前夫（見第八章）寄了一封看起來很合理的電子郵件給教會的特定成員，包括努力想協助他們挽救婚姻的教牧諮商師。他在信中將自己描繪成遭到妻子遺棄的上帝子民，接著直接攻擊薇諾娜的精神狀態不健全，以「關切的」措辭，質疑她是否適合當母親。他堅稱仍然愛著前妻，只在乎她有沒有得到極為需要的照顧。

受攻擊的自戀者

如同前文所述，極端自戀者創造出一個假的自我形象並持續防護它，以逃避羞恥感。在過程中，他們經常無視、避開或改寫那些質疑這個形象的事實。有時，他們只是誇大或扭曲，但更常見的是公然說謊。對於懷恨型自戀者而言，想證明自己是贏家和戰勝羞恥感的欲望，使得事實真相為何，變得無關緊要。如同蒂娜·史威森的說明：「塞特用說謊來重新創造他自己的真相，好讓自己逃避內在受折磨的心。」[8]

由於極端自戀者與現實之間維持著扭曲、防衛的關係，經常相信對自己和他人所說的謊言。他不覺得自己是撒謊者，而是把自己看成嚴陣以待地防衛所看到的「事實」。也許這對於大多數人來說難以置信，不過，極端自戀者在說謊時不見得有自覺，並非有意識地想要掩飾事實。他會說謊，是為了支持那個被他視為等同自己的防衛性身分。換言之，不間斷的自戀性防衛，包含了不停努力強化謊言以抵抗羞恥感、堅稱謊言反映了事實。

當那些謊言遭到質疑，羞恥感快要浮現時，極端自戀者可能覺得受到攻擊。在比較不嚴重的情況下，他可能表現得彷彿是不公義的受害者，躲在自以為是的憤怒或自憐的後面。例如，我的案主薇諾娜的丈夫，把自己當成假定妻子有精神疾病的長期受害者，暗示他人應該同情他。在比較危險的情況下，極端自戀者可能把任何對於他所說的「事實」之質疑，視為一種惡意攻擊，會以牙還牙地報復。那些被極端自戀者視為攻擊的事件，常常是因為不小心怠慢其自尊心的結果，如同泰勒·麥歐文出師不利，一開始沒認出新上司。有時，懷恨型自戀者只是因為別人的看法跟他不同，就覺得受到攻擊：他必須永遠都是對的，跟他爭辯的人都成了敵人。

曾經是美國副總統候選人的莎拉·裴林（Sarah Palin），長久以來都會報復那些敢妨礙她、不同意她，或甚至只是被認為不夠支持其觀點的人。同時，她也展現出一味地漠視事實的態度，導致長期在阿拉斯加從事政治工作的萊絲莉·里德（Leslie

Ridle）跳出來形容她是「病態撒謊者」。[9] 許多認識她的人，包括為裴林第一次競選瓦西拉市（Wasilla）市長操盤的勞拉・崔斯（Laura Chase），都懷疑她有自戀型人格違常。[10]

莎拉・裴林於二〇〇四年在《安克拉治每日新聞》（*Anchorage Daily News*）發表的評論中，寫下有名的一句話：「我從籃球場上學會所有應該知道的事。」事後她也多次重申這個說法。她的意思是，她在高中參與的運動，超過了其他所有的經驗，為她日後成為政治人物的行為下了定義。儘管她喜歡聚焦在運動與政治共通的價值上（例如：果斷和決心。[11]），但真正將她人生中這兩個領域結合在一起的，是她的求勝欲望。

裴林的高中隊友因為她不計任何代價地求勝，給她取了「海狼魚」（Barracuda）的綽號，這股好勝心遺傳自她的父親。查克・希斯（Chuck Heath）在瓦西拉市的中學教科學，同時也在女兒就讀的學校擔任她的田徑教練。童年時的朋友形容希斯是傲慢且超級好勝。[12]一名認識希斯很久的瓦西拉人如此形容他：希斯「有種壞心眼的傾向，對於孩子的要求非常高……無論何時，任何人參與任何運動，他們都得贏才行。沒有輸這回事。好勝是一回事，但是希斯的要求過頭了。」[13]

伊馮娜．貝許利爾（Yvonne Bashelier）是莎拉．裴林的田徑隊隊友，也接受查克．希斯教練的教導。貝許利爾曾經提及，「勝利對他而言就是一切。」[14]貝許利爾了解到莎拉．裴林在其父親無情、霸凌式的教法下有多麼痛苦，因為她同樣也得忍受。「莎拉不能輸。那是她人生最大的恐懼。她的父親不只那樣對待她，也這樣對待我。莎拉走到內心的一個黑洞，我想，她做每個動作時，都會聽到父親在背後對著她大叫，一再逼迫她。」[15]

莎拉．裴林的母親莎莉（Sally）沒給她什麼母愛，也沒有對於她受到父親的嚴厲對待而給予安慰，最主要的原因是她在加入「瓦西拉神召會」（Wasilla Assembly of God）後，就失去了所有為人母親的興趣。一位他們家的老朋友表示，莎拉和她的兄弟姊妹「在童年沒有受到照顧」，莎莉「未曾履行母親的職責」。[16]另一位瓦西拉市的熟人說：「那個家沒什麼溫情或愛，最主要是莎莉沒真正當好母親。她不會教養小孩。」[17]裴林在《離經叛道》（*Going Rogue*）一書中，試圖把童年描繪成快樂無憂，宛如《妙爸爸》（*Father Knows Best*）影集裡的美國家庭生活翻版，但事實上，她是在沒有同理心的母親，以及冷酷又超級好勝且獨裁的父親的養育下長大的。

查克・希斯在瓦西拉市發揮政治上的影響力，而且為了如他所願（也就是要贏），展現相同的冷酷無情性格。當市議會一致通過支持開除希斯那位當高中校長的好友後，他發動了罷免三名女性市議員的行動。根據其中一位女性帕特・歐哈拉（Pat O'Hara）的說法，希斯「製造一種私刑暴民的心態」。[18]他散播謠言，指稱這些女性跟新校長搞外遇。歐哈拉回想當時的情況：「他的手段既暴力又危險。」憤怒的暴民在學校董事會結束後刁難她們，而且「我們發現車子的積雪上寫著死亡威脅」。[19]

帕特・歐哈拉補充道，希斯和一些人「製造大騷亂，有一陣子大家都很不平安。他們就是如假包換的惡霸，基本上莎拉及其同夥現在就是如此」。[20]

認識莎拉・裴林的人經常提到「惡霸」這個詞。瓦西拉居民漢寧（Henning）說，裴林小時候很「冷漠，如果事情沒能如她所願發展的話，她就成了惡霸」。[21]當作家喬・麥金尼斯（Joe McGinnis）在二〇一〇年為了撰寫關於裴林的書，搬到瓦西拉市進行調查時，他發現許多當地居民不願意跟他講話，因為擔心裴林和她的丈夫陶德（Todd）會報復。「我愈來愈發現，對於裴林夫妻的恐懼，成了當地的地方病。我一再聽說他們一直是惡霸。」[22]當一名雜活工到麥金尼斯位於裴林家隔壁的租屋處，幫他做一些修繕時，還用膠帶把硬紙板貼在卡車前後的車牌上。就裴林的角度而言，麥金尼斯搬到她家隔壁後，就成了頭號公敵；雜活工不想因為他敢幫麥金尼斯的忙，就成了裴林的報復對象。[23]

惡毒、復仇心重和惡意，是其他三個常被用來形容莎拉・裴林的字眼。她在瓦西拉市議會當了兩屆議員後，決定要挑戰當時的市長約翰・史坦（John Stein），就算過去史坦對於裴林的政治生涯提供支持與養分。根據當時另一位市議員的說法，裴林對史坦打起「惡毒」選戰。[24]在神召會教友的支持下，裴林以「毫不留情的」宗教性傳言質疑史坦。有個「耳語競選宣傳」指史坦不是基督徒，而且因為他跟妻子結婚時，妻子沒冠他的姓，便謠傳說他們「未婚同居」。[25]

「裴林對於好幾個市政府官員在選舉期間公開挺史坦而感到火大」，在她打敗史坦之後，便要求所有市政府部門主管辭職，以做為報復。[26]對莎拉・裴林而言，如果你不支持她，就是在反對她。由於瓦西拉圖書館主任瑪麗・艾倫・愛默斯（Mary Ellen Emmons）反對裴林禁止犯罪書籍出現在圖書館內的做法，裴林便想要開除她。這場審查大戰在瓦西拉市鬧得不太好看，「傳出要求罷免裴林的不滿聲音」。[27]瓦西拉市的地方報《拓荒者》（*Frontiersman*）社論點出：「裴林似乎把她的選舉看成加冕典禮。歡迎來到裴林王國，這個無可問責之地。」[28]

瓦西拉警察局長斯坦波（Irl Stambaugh）也因為反對莎拉．裴林針對酒吧關門時間的立場，以及不贊成擴大擁槍者的權利，而被裴林中止任用。斯坦波曾經被提名為阿拉斯加年度最佳市政府員工，是一位備受尊敬的人。當他在法庭上針對自己被免職一事提出質疑時，裴林「幾乎在每一個法庭程序」都說謊，還捏造了一個故事指稱斯坦波可能想引誘她。[29] 斯坦波怒不可遏，顯然裴林為了要贏，什麼話都說得出來，不管事實為何。[30]

莎拉．裴林還覺得自己有權漠視法律。她違法指派兩名朋友去填補市議會的兩席空缺，直到市檢察官通知她，她無權指派市議會的議員。此外，她在還沒獲得市議會必要的同意之前，就「用市政府的錢去租一輛新的休旅車……並且挪用了已經編列為用於道路改善和修繕的五萬美元預算，去重新裝修她在市政府的辦公室」。[31] 當市議員尼克．卡尼（Nick Carney）告訴她這是違法的行為時，她回答：「我是市長，我可以做任何想做的事，除非法院叫我住手。」[32]

當上阿拉斯加州州長後，莎拉．裴林展現出相同的特性。她不把法律當一回事，覺得她有權把辦公室用於私人用途，而不是公共服務。她行使自己的權力去報復對手，而且還撒謊。這些特性在日後被稱為「州警門」（Troopergate）的醜聞案中更是展現得一覽無遺。當她的妹妹莫莉（Molly）和州警察麥克．伍登（Mike Wooten）離婚後，裴林花了好幾年的時間想辦法要讓他被開除；因為伍登跟她的妹妹離婚，就成為她的敵人。裴林在宣誓作證時，謊稱她目睹伍登的辱罵行為，並且推動抹黑行動要毀了他的名聲。

莎拉．裴林還對公共安全長官沃特．莫尼根（Walt Monegan）施壓，要求開除伍登。在十八個月內，有「大約三十多次的交流……若不是裴林、她的丈夫，就是州政府的成員，提出跟伍登州警察身分相關的事宜」。[33] 莫尼根認為裴林的行為侵犯了伍登的權利，便抗拒那股壓力，最後裴林開除了莫尼根。[34] 日後，由跨黨派阿拉斯加立法會進行的倫理調查所得到的結論是，裴林「濫用權力」，而且「為了推動私人事務，將不允許的壓力施加在好幾位部屬身上」。[35] 在相同復仇心態的脈絡下，她也開除了跟她有多年友情的立法會主任約翰．比耐（John Bitney），因為他正在交往的那位女性的前夫，剛好是裴林丈夫陶德的哥兒們。[36]

許多熟悉裴林夫妻的人都形容他們的婚姻並不幸福，充滿衝突以及「相互威脅要離婚」。[37] 幾位昔日朋友也想起孩子大部分都是陶德在帶，他的妻子從來沒有照顧過孩子。一位朋友回想起當陶德到北坡（North Slope）工作時，「孩子們得自己照料自己」，

「莎拉關在自己的房間裡，說她不要被打擾。」另一位朋友說：「她從來沒照顧過那些孩子。」他們「不曾受到父母養育，他們得彼此養育」。[38]

雖然莎拉．裴林小心打造熱心的「曲棍球媽媽」形象，最後她似乎跟自己的母親差不多：對子女沒感情，只顧自己，完全沒有同理心。又是一個自戀導致自戀的例子。

對於懷恨型自戀者而言，在競爭中比較輸贏的動力，將演變成為戰爭。他視這個世界由敵人和盟友組成：不批評地支持和稱讚他的是「好」人；任何質疑他的都是「壞」人，必須被消滅。蒂娜．史威森的前夫塞特，透過散布惡毒的謠言和辱罵法院體系，想要摧毀她的名聲。莎拉．裴林開除不支持她的政府員工，對於不尊敬家人的前妹婿展開仇殺行動，還因為斯坦波局長質疑她提出的問題，用謊言和不實的陳述將他趕下臺。

由於懷恨型自戀者的行為如此卑鄙，充滿復仇心，你會發現實在沒辦法同情他們。渴望報復，讓他們看起來如此無情、冷血，彷彿是「另一個世界的人」，欠缺聯繫人類的柔軟情感。請記住，他們的**不間斷自戀性防衛**：所有的極端自戀者一直都在慎防經歷羞恥感，當它真的突破防衛機制時，他們會感覺到被難以承受的痛苦所淹沒。

新聞記者約翰．海爾曼（John Heilemann）和馬克．赫伯林（Mark Halperin）在二〇〇八年總統大選的報導中，對於準備與喬・拜登（Joe Biden）進行辯論的莎拉・裴林的心理狀態，有一段深刻的描述。[39]與新聞主播凱蒂・庫瑞克（Katie Couric）的災難性專訪，摧毀了裴林的自信，使她陷入「一種緊張性僵直（catatonic stupor）」。她幾乎無法吃喝睡，而「當幕僚問她問題時，她整個人就停擺，下巴垂到胸口，手臂交叉，眼睛盯著地板，一動也不動」。[40]「受到嚴苛的檢視」讓她一直活在深怕發生更丟臉的事的恐懼中。

我們從這些描述看到，懷恨型自戀者的不間斷自戀性防衛罕見的崩潰一刻。她整個人被羞恥和屈辱的感覺給吞噬，變得無法正常運作。當塞特一貫的防衛機制失靈時，蒂娜・史威森也目睹過同樣的崩潰情況。某個晚上，當塞特的弟弟當面說他對小時候的事說謊（把自己描述成很受歡迎，但事實上是害羞又孤立），塞特看似受了傷，暫時無法主張自己有多優越，[41]反而陷入沉默，整晚拚命喝酒。

塞特對於幾種不同的「解藥」成癮，包括運動、花錢和酒精，一旦核心羞恥感快要冒出來時，就仰賴它們帶給他的快感，讓他高人一等的自我感覺重新膨脹。我們將在下一章進一步探究成癮和自戀的關係，以及成癮型自戀者如何利用毒品，來阻擋無意識的內心損壞或醜陋的感受。

如何應付懷恨型自戀者

由於懷恨型自戀者不停地想報復，而且能對敵人造成嚴重的傷害，因此，最重要的是不要成為他的目標。別做出任何可能傷及他的自尊或讓他感到受辱的事。盡可能避免跟他直接起衝突或者跟他爭論。即使你被他超級的好勝心激怒了，或者因為他撒的謊言而覺得被冒犯，都不要當面質疑他。很遺憾的是，我們往往都到了引起對方不快，為時已晚才發現自己面對的是懷恨型自戀者。在那種情況下，如果你無法完全避免跟他往來，或減少往來的話，最佳辦法就是依法行事。

泰勒．麥歐文保留了與上司之間往來的電子郵件，詳細記錄每次互動的經過，並且仰賴第三方目擊者的證詞，來抵禦菲爾的仇殺。蒂娜．史威森在她跟塞特的離婚訴訟程序開始後，每天都會用日誌記錄她與塞特的互動。就跟泰勒一樣，她保留了所有往來的電子郵件和簡訊。她在女兒的手機加裝全球定位系統追蹤軟體，好在每次塞特探視她們的時候，找到她們的所在位置，如此一來，當塞特在法庭上謊稱帶女兒去哪裡時，蒂娜就可以戳破他的謊言。大多數懷恨型自戀者都很擅長講出貌似可信的謊言，你需要可以揭發他的證據。

做好你可能被描繪成壞人的心理準備。懷恨型自戀者在進行報復時，可能試圖在你的職場、家庭或整個社區，破壞你的名聲。他可能公然說謊以求抹黑你。儘管你會感到不舒服，但很重要的是別以牙還牙去報復，或是想扭轉頹勢。懷恨型自戀者如果覺得你在開戰的話，他的攻擊力道會更加猛烈，將會為了求勝而不擇手段。保持自己的高度，忠於事實；除非必要，否則不要去講敵人的壞話。隨著時間過去，懷恨型自戀者一定會在你身邊那些人面前露出他的真面目，你就能夠洗刷冤屈。

切記，羞恥感永遠都是問題所在。當懷恨型自戀者感覺到必須對自己或其他人隱藏羞恥感時，事實上會感到害怕、有缺陷感，而且在無意識層面是很脆弱的。他們藉由攻擊你的自我感覺，想讓你承接他的感受。蒂娜・史威森每次收到塞特充滿敵意的簡訊或電子郵件時，都把他想成「正在扮演一個難過、沒安全感的六歲惡霸」。[42]她不被塞特的惡劣和輕蔑所激怒，不用防衛性方式回應，而是訓練自己以不偏不倚的方式回應，聚焦在事實。懷恨型自戀者會不斷邀請你重啟戰火，你最好的回應是拒絕邀請，保持客氣，凡事講究事實，行事簡潔。

10

Narcissist

藥物比你對我更重要

- □ 霸凌型自戀者
- □ 自戀型父母
- □ 挑逗型自戀者
- □ 浮誇型自戀者
- □ 萬事通型自戀者
- □ 自以為是型自戀者
- □ 懷恨型自戀者
- ■ **成癮型自戀者**

精神分析師唐諾・納森森分享一個自己的故事，說明羞恥感和酒精使用的關係。十九歲的他在麻州伍茲霍爾（Woods Hole）的海洋生物學實驗室工作時，第一次談戀愛，愛上美麗的年輕女孩艾莉莎（Elissa）。納森森在伍茲霍爾的同事馬丁（Martin），長得比他「更高大、更好看，（而且）更有經驗」，馬丁顯然很羨慕他的朋友幸運地找到如此「可愛的伴侶」。[1]

某天晚上，納森森工作到很晚，順道到馬丁的辦公室，竟發現他「激情緊抱著」艾莉莎。納森森感到無比難堪，「遍布全身的痛苦讓我幾乎無法呼吸」。[2] 他匆匆地離開，到了附近的小酒館。

> 我坐到不熟悉的吧檯座位，不發一語地看著酒保。我不知道他從我的臉上看到什麼，但是在沒有更多線索的情況下，他在我面前放了一杯雙倍波本威士忌，我一口就把它喝光。他再幫我倒酒，我再次把解藥一飲而盡。我覺得好多了，而且一點也沒醉，付了錢後就離開，沒跟任何人說一句話。[3]

納森森用這個故事呈現「酒精的主要作用之一，是讓我們從羞恥感的束縛中解放」。[4]他解釋說其他形式的「快樂主義」（hedonism），例如娛樂性藥物（recreational drug）、隨意性行為，目的都是一樣的。

然而，這種方法對於納森森所謂的「長期持久的羞恥感」起不了太大的作用。[5]酒精和其他藥物可以幫助我們，度過偶爾的自尊受損，不至於嚴重影響到我們的生活，但如果我們受到核心羞恥感折磨的話，可能得一而再、再而三地借助這些解藥來減輕痛苦。惡性循環由此開始：我們求助於「首選藥物」（drug of choice）來躲避羞恥感，往往不自覺地使用過量；一旦藥效消失，我們會因濫用這些解藥，或因「破酒戒」而感到更羞恥。由於羞恥感加劇的痛苦令人難以承受，我們再度求助這些解藥來減輕痛苦。

酗酒的動力就如同鼠籠的旋轉跑輪，用酒精來尋求減輕痛苦，但這樣的行為又讓人感到羞愧，因此需要更多酒精來減輕痛苦，進而產生更多羞恥感等等。約翰．布雷蕭寫了很多羞恥感與各種成癮症之間關係的文章，認為有強迫性或成癮行為的人都苦於羞恥感，並將賭徒、工作狂、性成癮者和飲食障礙症患者都歸在這個族群。

成癮和自戀的性格有許多共通點。這不是說所有成癮者都是自戀者，但是許多有成癮行為的男女，都明顯展現出對於身邊的人缺乏同理心。他們跟解藥的關係，比他們跟伴侶之間的關係更強，他們時常把身邊重要的人看成僅僅是「補給品的外送員」。[6]

成癮者也仰賴解藥來強化自尊，並由身邊的人付出代價，藉此逃離「人際關係的壓力，躲到用藥物帶來的自大後面……是一種跟自戀有關的形式」。[7]

一種膨脹的妄自尊大感，以及缺欠對他人的同理心。

對許多年輕人而言，影片和線上遊戲的功用，也許等同另一種會令人上癮的解藥。尤其是「大型多人線上角色扮演遊戲」（massively multiplayer online role-playing game，以下簡稱MMORPG）讓成癮型自戀者躲進另類實境（alternate reality），他可以擁有虛構的身分來逃避羞恥感。伊恩在二十七歲時，因為這樣的成癮症來找我幫忙。

我在那裡變成了自己想要的樣子

伊恩從大學資訊科學系畢業後，拒絕了知名公司的工作，到矽谷一家小型新創公司上班，他接受比較低的薪水，以換取公司的股份。幾年後，這家新創公司被一家更大型的競爭對手合併，雖然不是那種上頭版新聞的數十億美元併購案，但是足以讓伊恩的銀行帳戶裡進帳一百多萬美元。他辭去工作，讓出小公寓，跟女友康喜搬到一間較大的出租房，康喜是一位三十五歲左右、有兩個小孩的菲律賓裔離婚婦女。她從事低薪的工作，所以房租由伊恩支付。當時他二十六歲。

適度的財富讓伊恩不必急著馬上去賺錢，有時間和自由去思考下一步要怎麼走。他知道自己想成立一家網路公司，但是還沒有要設立哪種公司的清楚願景。他考慮了社交媒體和行動應用程式領域的各種可能性，但無法決定哪一種才好。在此同時，他花了很多時間閱讀有關網路企業家致富的故事，其中他特別推崇創業之父保羅．葛拉漢（Paul Graham），也花了好幾個小時把他的文章當成福音書般研讀。他跟同年齡及教育背景相同的許多年輕人一樣，都視史蒂夫．賈伯斯為偶像。

伊恩也開始在空閒時間玩熱門的 MMORPG 遊戲。這種遊戲讓全球數百萬名玩家進入人造的世界，擁有替代的身分或虛擬化身。玩家透過完成請求、養成技巧，以及跟其他角色對戰，提升自己在這個世界的權力和地位。熱門網站會以虛擬化身的名字公布排行榜；在 MMORPG 的世界，最成功的玩家會在討論此遊戲的論壇中聲名大噪，受到成千上萬不認識的人所推崇。

幾個月過去了，伊恩無法決定自己的商業計畫，耗費愈來愈多時間在虛擬化身上，在遊戲中的排名逐步上升。他徹夜不眠地玩遊戲，早上在康嘉和孩子上班及上學前，他會跟他們共進早餐，之後一整個白天他幾乎都在睡覺。有時，他帶著沮喪感醒來，覺得自己在浪費生命；他發誓要戒掉遊戲，試著更專注於商業前途上，但是他的決心總持續不到一、兩天。在盯著電腦螢幕發呆好幾個小時之後，他說服自己登入MMORPG世界，以釐清思緒。他告訴自己：「大約只要玩半個小時就好。」

但接下來通常是瘋狂地玩下去。有時，他會連續玩上十五或二十個小時，直到眼睛都睜不開了，才登出遊戲。伊恩的虛擬化身逐步在全球排行中擠進前十名；在遠方，他以匿名的方式成了名人。在此同時，他跟康嘉的關係開始變糟。由於持續處於精疲力竭的情況，伊恩對於性事興趣缺缺。雖然他在金錢上對於康嘉的孩子很大方，但是跟他們不親近。康嘉暗示希望伊恩能娶他，但是伊恩不想那麼做。他告訴自己，原因是最終他會想要生下自己的孩子，但是康嘉已經動了子宮切除手術。

伊恩在這個時候來找我做治療。我們第一次諮商時，他說自己碰到的難題可能出自於羞恥感。他讀了很多如何自助的資訊，其中特別受到約翰·布雷蕭的文章吸引。他形容自己的父母是焦慮、吹毛求疵的人。小時候，他一直很擔心如果自己犯了錯，會遭受父母的大吼大叫。諸如吃了母親打算留在下一餐吃的剩菜，或是直接拿起牛奶盒喝牛奶等小過失，都會引來父母好一陣子的教訓。他們不會真的處罰他，但是讓他感覺自己老是在犯錯。

伊恩還形容他的父母凡事都「令人困擾」。像是如何使用新手機這種小事，他們都能為了使用手冊吵個不停，讓整間屋子充滿不安的情緒。這樣的爭吵可以持續好幾個小時，讓伊恩害怕自己無法跟他們相處。他老是有大難即將臨頭的感覺，這種情緒上的危機感，似乎比父母所煩惱的問題本身，諸如不知如何錄下外出語音留言，對他造成更大的困擾。學校成了他的天堂，讓他避開充滿焦慮不安氣氛的家。他在課業上很有天分，後來拿到獎學金，進了頂尖大學。

在我們剛開始的諮商中，伊恩還跟我說了一個困擾他的輕微身體異常。他天生有唇顎裂，在嬰兒時期就動了矯正手術，留下一個幾乎看不出來的疤痕。在諮商過程中，我隱約察覺到他的上唇有點不太一樣，但是直到伊恩提醒，我才完全注意到這個疤痕。他告訴我，他在社交場合相當在意這個疤，擔心別人會因為它而覺得他難看。但事實上，他看起來挺吸引人的，就是健康、道地的美國人，但是他經常覺得自己很醜。

我們初期的諮商聚焦在核心羞恥感，有時夾雜一直以來讓伊恩感到痛苦的身體醜陋感。他老是覺得自己沒能跟同儕同步，彷彿他有某個東西「脫落了」。每當有新朋友到他家時，他總是因為父母及其明顯的失能而感到羞愧，因為他們會在完全陌生的人面前焦慮地爭執，或是沒來由對他大喊大叫。我們聊到，在他的深層感受中，由於他的發展某個環節出了錯，讓他確信自己根本上就是醜陋或有缺陷，他害怕自己的人生有某個部分是假的。他在銀行裡有存款，有女朋友和兩個小孩跟他同在一個屋簷下生活，但是他卻覺得一切都是假的，是「正常」的假象。

當伊恩談到打算創立網路新創公司的計畫時，他的自大變得很清楚。在他想像的未來，把自己看成是跟史蒂夫．賈伯斯同等級的創新者。他想打造一家新公司，最終推動「首次公開募股」（Initial Public Offering, IPO），將讓他賺進數十億美元，得以跟谷歌公司的共同創辦人謝爾．蓋布林（Sergey Brin）、亞馬遜網站創辦人傑夫．貝佐斯（Jeff Bezos）並列於網路企業家的神殿上。非得如此不可。我們的諮商焦點放在脫離現實的浮誇想像自我，與經常折磨他的核心羞恥感之間的關聯。

隨著時間過去，伊恩在發展比較實際的商業計畫上有些進展。他決定要打造一個幫可能的實習生與提供職缺的公司進行媒合的平臺，將大學母校的學生資料庫，與當地提供實習機會的企業串連起來。這將成為一種可以吸引天使投資人的前導專案（pilot project），未來能拓展到全國許多不同的校園和企業。要打造這種平臺的技術並不困難，伊恩過去就是能單打獨鬥的破解密碼高手。

但等到要聘請人時，問題來了。在新創企業的世界，普遍認為想推動成功的企業，需要找一位共同創辦人。要跟那個職位的可能人選面談的想法，讓伊恩心生恐懼。他對於自己解決技術問題的能力信心十足，但是與他人相處時，他總會感到羞恥、自我懷疑，尤其面對陌生人更會如此。在跟可能人選面談時，他顯得不安、無法專心。他常常懷疑自己，質疑自己的判斷。就跟他的父母一樣，他經常執著於枝微末節。

伊恩的焦慮情況愈來愈嚴重，開始取消原定的面談，經常在離原定時間不到一個小時前，才打電話通知應徵者，聲稱他的身體不適，或出現商業危機，需要他即刻去處理才行。他跟一些應徵者的面試時間一再更改，導致對方失去興趣。伊恩在取消面試時，內心充滿了羞恥感和失敗感，於是躲到網路遊戲的世界去。當他的羞恥感特別強烈時，一玩就是好幾天。在那段期間，他因為無法面對自己的羞恥感，有好幾次沒來諮商。他常常沉浸在 MMORPG 的世界，玩到忘了約好的諮商時間。

康喜最後的結論是，伊恩永遠都不會娶她，便決定分手，和孩子一起搬走。如今，只剩下伊恩獨自住在租屋處，他更深陷於線上遊戲的世界。他的羞恥感促使他落入幻想的世界，他在那裡能打敗所有的挑戰者，建立自己在線上的名聲；但結果卻是他的羞恥感更深，讓他更沉迷於遊戲等等。我們在諮商時稱這種情況為「下沉的羞恥漩渦」。伊恩在這段期間發作最嚴重時停止了心理治療，最主要是因為他無法承受去面對我或是他的羞恥感。我有好幾個月沒有他的消息。

後來，他再度聯絡我，我們恢復諮商。隨著時間過去，在心理治療所建立的關係之下，伊恩感到被理解和被接受，也學會平安度過羞恥感的攻擊。如果他偶爾屈服了，也能很快就從幻想的世界走出來。他逐步設立自己的公司，找到一位共同創辦人，同時也建立了自信。伊恩用真正的成就產生自我尊重，這種良性循環取代了下沉的羞恥漩渦，讓他完成更多事、建立更多自信等等。

自尊和羞恥感的殺傷力

截至目前描述的大多數極端自戀者，都渴望聚光燈打在他們身上，他們經常完成許多事，以證明自己是贏家。另外有些人則躲到幻想的世界裡，像是第六章提到的案主妮可，她自認是不為人知的音樂天才，卻欠缺基本的技巧；或者像西洛，小時了了，卻無法做到完全不靠父母的經濟援助。伊恩在逃避他的羞恥感時，成為許多線上遊戲粉絲的英雄，然而他的個人生活卻是欲振乏力；把自己想像成下一個史蒂夫．賈伯斯的浮誇自我形象，讓他躲開了羞恥感，卻也阻擋了他朝向真實目標時的一步步前進。

伊恩在MMORPG的替身，代表了經過美化的虛假自我，幫他躲避了內在充滿羞恥感和受損的自我。所有極端自戀者都懷有一個浮誇的自我形象，其目的都相同：無論他們是透過超大的野心來確認虛假的自我，或者想在祕密的幻想世界支持它，一切都是為了逃避羞恥感。我發現詹姆斯．卡麥隆（James Cameron）二〇〇九年的電影《阿凡達》（*Avatar*），很適合用來比喻這種心理歷程。

電影一開始，傑克．蘇里（Jack Sully）因為嚴重的脊椎傷害，導致下半身癱瘓。他付不起開刀費，為了賺錢，自願前往潘朵拉星球，進行一項特別的軍事任務。透過神奇的醫療技術，他在那個星球學會跟阿凡達（avatar，化身），或者說另一個身體的自己，產生心靈連結，並且存在於阿凡達身上。不同於他那受傷、下半身癱瘓的自己，這個阿凡達健康、體型結實，身高三百公分，擁有高超本領和感覺能力。體現這個阿凡達，不僅讓傑克逃離受傷的身體（至少短期間），同時也超越他身為人類的潛能。最後證明，他在潘朵拉星球得到的經驗，比起真實的人生，對他而言更真實而有意義：在電影尾聲，他找到辦法超越他的人體傷害，永遠轉移成優越的納美人。

就跟傑克．蘇里一樣，成癮型自戀者發現，因解藥而改變的意識，比起「真實的人生」更引人入勝。對局外人而言，也許看起來不是那麼明顯，但是成癮者受解藥影響時，經常感到相當自大。在治療及撰文探討成癮症的專業人士間，經常討論到這個事實。戒酒無名會（Alcoholics Anonymous）「早已認定酒癮者的自大問題……」，對他的復原而言，「欠缺謙卑心是最大的障礙」。[8] 對酒癮者和其他成癮症患者來說，他們與解藥的關係，體現了一種**自戀性防衛**，在那裡「一個虛假的自我或者自大的自我……防範了痛苦的羞恥感和低自我價值感」。[9]

如同奧地利裔美國精神分析學家漢斯．柯赫（Heinz Kohut）所解釋的，「成癮者想透過成癮的行為，來對抗缺乏自尊，（以及）破碎自我的可怕感覺」。[10] 柯赫將暴飲暴食、性生活淫亂，增列為成癮的例子。所謂性成癮，可能藉助色情片做為對抗羞恥感的一種方法，例如第二章提到的案主傑森，他經常逛色情網站並且一再自慰。他也會用交友應用程式約人性交或嫖妓。對這種人（大多數是男性）而言，高潮是一種「自我注射」（self-administered）的解藥，能短暫減輕他們的羞恥感，即那種自我受了傷、破碎的「可怕感覺」。

在二〇一一年的電影《性愛成癮的男人》（*Shame*）中，主角布蘭登（Brandon）是一個性成癮者，在公司的廁所和陰暗的家裡看完色情片後，都忍不住自慰。他一天高潮好幾回，但是無法帶來真正的愉悅。他還從酒吧帶女人回家，也常常嫖妓。布蘭登過著幾乎完全情緒孤立（emotional isolation）的生活。他不想跟其他人有真實的關係，對於他認識的人缺乏同理心，包括他的妹妹西西（Sissy）。但是他卻把人當成藥物般來減輕自己的痛苦。雖然我們無法得知確切的細節，不過電影中清楚點出布蘭登和西西的童年很痛苦，傷害了他們。自慰或性濫交，讓人短暫忘卻羞恥感，但結果卻會讓人感到更羞恥、需要解脫等等，性成癮的情況等同酒癮者的鼠籠旋轉跑輪。

多年前，當網路聊天室很流行時，我的案主大衛沉迷於線上「關係」的世界。三十五歲左右的大衛，個子不高，有點過重，外表普通，有強烈的羞恥感。他的家庭背景問題重重：母親在他快二十歲時自殺了，而不久後他就從大學輟學；他的姊姊患有厭食症；他一直沒去找一份有意義的工作，成年後大多靠父親和繼母救濟，或是做一些低薪的零售業工作。

雖然大衛渴望與人產生連結，但是從未有過持久的關係，反而著迷於一些遙不可及的男性，即社交世界裡極有魅力且成功的男性。我從他的敘述得知，那些男性看起來像挑逗型自戀者，靠他們的魅力去利用大衛，卻沒有回報他對性的需求。儘管在肉體方面的渴求受挫，但只要身處於他們活動的範圍內，大衛的自我感覺就會好一點，跟優秀的人往來，讓他覺得自己也變得特別。

他經常跟那些人發展成從屬的關係，想藉著替他們「做事」，來贏得他們的喜愛，只要他的任何一位偶像開口要他幫忙，他通常會因此取消自己原來的計畫。例如，有一次，帥氣又成功的設計師尼爾，要求大衛去商場攤位湊人手，他為此放棄了期待好幾個月的演唱會門票。隨著時間過去，大衛開始明白這些人只是在利用他，便開始心生怨懟，最後發生爆炸性的衝突，友情從此中斷。大衛很不開心又寂寞。

當他發現網路聊天室後，便找到一個方式讓自己成為（至少在幻想的世界）一直渴望成為的人。我相信，他應該是在匿名的線上「關係」中，捏造一個完全虛假的自己。線上版大衛比真實版大衛更年輕，長得更高、更瘦。他有一個充滿活力的工作，開不一樣的車，有自己的房子等等。換言之，線上版大衛擁有一切，是眾人眼中的贏家。

大衛在線上跟陌生人接觸時，經常演變成線上或透過電話的自慰和鹹溼對話。雖然達到減輕羞恥感的性高潮是主要的目的，但大衛有時候光是「認識」這些陌生人，跟他們講好幾個小時的電話去了解他們，就讓他心滿意足，這段期間，他持續呈現那個虛假的模樣。後來，他們總會談到想要在一起的計畫，但大衛都是在最後一刻改期，盡可能拖延時間。最後，他不是不再回電話，就是從另一個人的生活裡消失，或是丟臉地坦承一切，請求原諒。

大衛背負了深刻且難以忍受的羞恥感。因為他無法面對那份羞恥感，以及對於自己受損的感受，他發現自己不可能跟他人建立真實的關係。於是他逃離醜陋、受損的大衛，變成線上大衛這位贏家。就像電影《阿凡達》中的傑克・蘇里那樣，他丟下受損的自我，躲進美化的自我裡，透過幻想的角色扮演和性高潮愉悅，做為一種「自我藥療」（self-medicine）。所有成癮型自戀者都採用相同的方式，也就是使用他們的「首選藥物」，讓充滿羞恥感、受損或是「醜陋」的自我得到緩解。

近年來，媒體開始注意到愈來愈多整型手術成癮的問題。電視節目《醫師》（*the Doctors*）介紹的三十三歲男性托比・雪頓（Toby Sheldon），花了超過十萬美元整型，好讓自己看起來更像青少年偶像小賈斯汀（Justin Bieber），小賈斯汀的年輕、名氣和俊俏的外表，讓他很羨慕。英國電視節目介紹的空服員羅德里戈・艾維斯（Rodrigo Alves），也花了超過十萬美元，動過不下二十次整型手術，包括：隆鼻、抽脂、六塊肌、胸部植入、小腿形塑、打肉毒桿菌和填充物。[11] 他顯然想要長得像芭比娃娃的男朋友肯尼，因為肯尼娃娃看起來像是完美的男人。艾維斯說：「肯尼的背部、二頭肌和下頷線，一切都剛剛好。所以，我要看起來跟他一樣。他太完美了。」雖然最近一次整型手術差點要了艾維斯的命，但他依然愛用整型來改變外表。他說：「我想把肩膀弄寬一點，讓我的屁股更圓一點，胸肌更大一點，也許再動一次鼻子。」[12]

羅德里戈．艾維斯的童年一直都因為鼻子的尺寸而飽受嘲弄，便在二十歲時開始「追求完美」，動了第一次鼻子手術。「我非常討厭我的鼻子，在腫脹消失後，結果讓我很高興。從那一刻起我就迷上了。」流行音樂偶像麥可．傑克森（Michael Jackson）也很討厭自己的鼻子，動了無數次手術去改變它的形狀。他依賴整型手術把自己的臉塑造成一種完美模樣，他一而再、再而三去找外科醫師，以求進一步從折磨自己的羞恥感當中解脫。

鏡中的那個人

這輩子你要不是贏家，就是輸家。
我的每個孩子都不會成為輸家。[13]

——約瑟夫．傑克森（Joseph Jackson），麥可的父親麥可・傑克森在凱撒琳（Katherine）和約瑟夫・傑克森所生的十一個孩子裡的排行第九，出生時家境清寒，並受到父親殘酷的對待，留下一輩子難以抹滅的創傷。被摑掌、打屁股、猛推，甚至關在衣櫥裡，都是家常便飯。麥可年僅三歲時，有一次被痛打屁股後，他又痛又氣，拿鞋子丟向父親。根據哥哥馬隆（Marlon）的說法，約瑟夫勃然大怒，抓起麥可的一隻腳，讓他頭下腳上，「用他的手不停地打他，用力捶他的背和屁股」。

凱撒琳尖叫道：「約瑟夫，快放下他！你會打死他！你會打死他！」[14]

接下來幾年，約瑟夫要培訓兒子們成為未來的明星，採取同樣殘酷的手法，每天得彩排兩次。他「揮舞著皮帶，不停對他們吼叫，如果他的兒子們犯了錯，就打他們的背，或者把他們推去撞牆壁」。[15]

即便在他們出了名，搬到加州恩西諾（Encino）海溫赫斯特大道的豪宅後，約瑟夫繼續以愈來愈「儀式化和殘酷的方式，訓練」他的孩子們。「麥可記得，他先讓你脫光衣服，然後在你身上塗一層厚厚的嬰兒油，再拿出從蒸汽熨斗拔下來的電線……用它猛抽你的大腿後面，被插頭碰到時就像遭到電擊。」[16]

麥可實在太害怕他的父親了，以至於每當父親走進屋子，他常會昏倒或作嘔不已。

麥可進入青春期後，對自己的外表愈來愈感到羞恥。首先，他的膚色比其他兄弟姊妹更深，他的皮膚在青春期突然變得很差。他害羞到痛苦不已。「當他在舞臺上表演時，可以把自己變成夢想中嚮往的那個人：一個性感、外內、能完全掌控自己與觀眾，充滿自信的人。但是，下了舞臺後是另一回事。當麥可照著鏡子，他看到的是一個自己不怎麼喜歡的人，而這個人仍然允許其他人控制他。」[17]

從十三歲開始，麥可一直「很在意自己的鼻子大小，哥哥們幫他取了一個綽號：大鼻子，讓情況雪上加霜。又寬又平的鼻子是傑克森家的特徵，遺傳自約瑟夫」。[18] 麥可考慮去動鼻子整型手術有好幾年了，直到一九七九年，他在一次彩排時鼻梁受傷骨折，終於動了第一次鼻子手術，此後他又在鼻子上動很多次刀。但這並未解決麥可潛藏的自信問題，他依然不停地去整型來改變臉部。他讓外科醫師在下巴插入V形凹陷物，製造酒窩顎。他改變了眼睛和嘴巴的形狀，用漂白劑 Porcelana 和其他美白劑漂白皮膚。

在這段期間，麥可很孤單，不擅長交際，過得很悲慘，他唯一感到些許快樂的時候，只有在上臺表演時。接受《Soul》雜誌記者藍迪・塔拉普雷利（後來成了他的傳記作者）專訪時，麥可告訴他：「我對於上臺表演成癮。當我長時間無法上臺時，就會發作，陷入瘋狂……彷彿我的一部分不見了，我得把它找回來，否則我就不完整。」

麥可解釋，他在「普通人」旁邊會感到不自在，但一上了舞臺，他就會敞開自己，感覺自己一點問題也沒有。「我的人生裡發生什麼事都沒關係。我在舞臺上無拘無束，我對自己說：『就是這裡，這裡就是我的家。這裡就是我的歸屬處，上帝為我打造的地方。』舞臺上的我沒有任何限制。我就是第一名。但是當我下了舞臺，我真的不太快樂。」[19]

約瑟夫禁止所有孩子跟外面的人交朋友，而麥可在出名之後，也害怕其他人只是想利用他。與其交真正的朋友，他在海溫赫斯特的家裡養了很多動物，包括天鵝、孔雀、大羊駝等等。他還蓋了一座遊樂園，是日後在「夢幻莊園」（Neverland）打造的更大遊樂園的前身，裡面擺滿了木偶。麥可向塔拉普雷利解釋：「它們就跟真人一樣，但它們不會抓著你，要你幫忙。我跟這些木偶在一起感覺很自在。它們是我的私人朋友。」[20] 麥可在臥室裡放了五個扮成時裝模特兒的不同種族、體型的女性假人，把這些假人也當成朋友。[21]

麥可似乎無法跟同齡的成人保持親密關係。他在一九九四年五月娶了麗莎・瑪麗・普里斯萊（Lisa Marie Presley，譯註：「貓王」艾維斯・普里斯萊的女兒），但是當年十二月「倫敦小報開始報導，麥可打算申請離婚，他抱怨妻子『侵入他的空間』」。[22]大多數時間，麗莎．瑪麗不知道麥可人在何處，經常看了報紙才知道他的下落。許多熟悉他們的人，包括麥可長期的公關主任鮑伯．瓊斯（Bob Jones），都認為他們的婚姻只不過是宣傳噱頭而已。[23]麥可後來娶了黛比．羅薇（Debbie Rowe），生了兩名子女，但兩人從未同房睡，甚至不曾住在同一個屋子裡。他們在兩年後離婚。

當然，麥可．傑克森喜歡小孩的事，讓他聲名狼藉，但大多數了解他的人都認為，他跟年輕男孩的「關係」，事實上代表他想重拾自己失去的童年，而非想要真正的親密。他想把孩童美化成天真無邪，尚未受到憤世嫉俗的成人之影響而墮落的人。他變得著迷一個又一個孩子，邀請他們到夢幻莊園，帶他們遊園，買奢侈禮物給他們等等。但是，麥可只要交到新的「朋友」，很快就會轉移對象。宣稱受到性騷擾，演變成二〇〇五年加州著名審判案的男孩蓋文．阿維佐（Gavin Arvizo），在麥可不再回他的電話，拋棄他之後，受到嚴重傷害，此事遠遠早於他的家人對麥可提起訴訟之前。

麥可的第一任妻子指出，麥可堅稱他「愛全世界的所有孩子」，掩飾了一種極端形式的自私。[24]麗莎．瑪麗抱怨麥可決定帶年幼的卡西歐（Cascio）兄弟一起去法國度假，卻不包括她在內，而麥可回答：「我做什麼都不關你的事。」他喜歡扮演慈愛的父親，以奢侈的禮物和不受限制的富裕生活方式，展現他對「孩子們」的愛，但是他對於妻子、朋友、長期盟友與支持者，卻表現得冷酷且不尊重。「當麥可在生某個人的氣，那個人通常會被趕出他的世界。他的生命中出現過許多重要的人，但這些年來他們都被排除在外了。其中一些人，像是（他的律師）約翰．布蘭卡（John Branca），自認為跟麥可是長期的朋友，但這樣的身分仍避免不了他們跟麥可的友情劃下句點。」[25]

麥可從年輕時就過著優渥和享受特權的生活，被推崇為流行音樂之王，數百萬歌迷視他為偶像，他展現一種自大程度的特權感。根據試圖幫助麥可克制揮霍無度習慣的律師之一艾爾．曼尼克（Al Malnik）的說法，「對麥可而言，無論他想要什麼，都得馬上到手。」[26]即使瀕臨破產邊緣，他還是要帶一大票隨從去旅行，包下整座飯店，一個晚上花八萬美元。根據另一位被麥可拋棄的顧問，「每當他沒得到想要的東西，就表現得像個被寵壞的小孩，會大發脾氣和哭泣。」[27]

「對麥可來說，購物和花錢已經變成像鴉片般的癮頭。替他工作的人提到他會快速翻閱雜誌，訂購雜誌上廣告的每一種商品。」[28]他大肆揮霍買骨董、車子和旅行，每年光是旅行的預算就要一千兩百萬美元。在十多年期間，每年他的平均收入有兩千五百萬美元，但他還是有辦法花掉比他賺的錢多出一千萬到一千五百萬美元。[29]在後來幾年瀕臨破產邊緣時，他得過著相對手頭比較吃緊的生活，無法再像以往那樣去購物旅行；他發現這樣的感受「幾乎難以忍受」，就好像被剝奪了毒品一樣。[30]

即便考慮到他的超級巨星地位，麥可・傑克森還是展現了明顯自大的自我感覺。夢幻莊園的主屋裡，掛滿了他真人尺寸的畫像。「幾乎每張他都擺出英雄般的姿勢，穿著色彩鮮艷的類軍裝，類似十九世紀歐洲王室成員紈絝子弟般的裝扮，點綴著斗篷、劍和荷葉領，而且經常有王冠。」[31] 在他的床頭上方掛著一幅〈最後的晚餐〉畫作，裡面將他畫成「坐在一張長桌的中央，一邊坐著華德・迪士尼（Walt Disney），另一邊是阿爾伯特・愛因斯坦（Albert Einstein），以及湯瑪斯・愛迪生（Thomas Edison）、查理・卓別林（Charlie Chaplin）、『貓王』艾維斯・普里斯萊、約翰・甘迺迪（John F. Kennedy）、亞伯拉罕・林肯（Abraham Lincoln）和創作歌手小理察（Little Richard）圍著他」。[32]

雖然麥可家信奉「耶和華見證人」（Jehovah's Witness）宗派，讓他避免了去吸毒和酗酒，但是他最後還是對處方止痛藥成癮，剛開始是用於他拍攝百事可樂廣告導致頭皮受傷的止痛藥。在一九九三年，喬丹・錢德勒（Jordan Chandler）控告他性侵害的案子曝光前，「他努力地在多次動整型手術的恢復期，不要過度用藥，他跟醫師說他想在做商業和事業的決定時，保持『敏銳』（sharp）。」[33]但是，在麥可被指控性侵害及醜聞纏身期間，他變得愈來愈焦慮，無法入眠，開始大量服用「類鴉片藥 Percodan、止痛劑 Demerol、可待因（codeine），以及鎮靜劑 Valium、Xanax 和 Ativan」。[34]最後他變得完全依賴這些藥物。

有好幾年，麥可每個月花一萬美元去解癮頭。旅行時，他帶著一個裝滿藥物、針頭和點滴管的手提箱。他的「自我藥療變得非常複雜，漸漸地點滴裡不再只是單一的處方藥，而是混合了鴉片類藥物、鎮靜藥 benzo 和助眠劑」。[35]在幾次不太成功的康復訓練後，麥可最後在二〇〇〇年代初期不需要戒毒；當馬丁．巴希爾（Martin Bashir）的紀錄片《與麥可．傑克森一起生活》（*Living with Michael Jackson*）在二〇〇三年播出時，麥可看起來正在重拾一些衝刺事業的動能。但他很快就再度發作。難堪地暴露在新聞和主流媒體下所燃起的羞恥感，讓他躲進藥物的世界，直到二〇〇九年六月因藥物過量過世。

由於心理健康的疾病模式大多避開了心理學的解釋，許多人都學會將成癮看成是一種心理依賴的問題，而不是針對羞恥感的一種防衛性反應。專業文獻經常聚焦在羞恥感和成癮之間的關聯，但是觀點大多相當落後。那些用來協助成癮者因應他們感受到的羞恥感的治療計畫，都把羞恥感看作成癮的結果，通常不會去處理更早期就伴隨他們一生並誘發成癮的羞恥感。沒錯，成癮者對於自己的成癮，以及它帶來的自我毀滅性行為，會感到羞恥，然而，麥可・傑克森等人最初會尋求藥物的幫助，是為了逃離核心羞恥感。

在想成為演藝圈中的第一名贏家、最大牌和最有錢明星的野心驅使下，麥可・傑克森借助巨大的財富和名氣，大剌剌地展現他的自大浮誇。[36]在這段期間，他變得對整型手術、大肆揮霍、公開表演和處方藥都上癮了。為了逃避羞恥感，我的案主伊恩遁入MMORPG的私人幻想世界，讓他在遊戲世界享有聲望。過程中，他們對於他人的感受都不太在乎，對於那些他們理應在乎的人，幾乎都缺乏同理心。

如何應付成癮型自戀者

如果你跟成癮型自戀者有感情牽扯的話，首先你得承認光靠一己之力，不可能「拯救」他。如果你發現自己一心想要解救這個成癮者，為他的行為掩飾，或者替他承擔有害的結果的話，你可能處於共依存（co-dependent，又譯關係依賴）的關係中。就像成癮症一樣，「共依存」這個詞也變得過度概化（overgeneralized，意指過於籠統），以至於人人都符合這個定義。它源自於戒酒無名會，定義更嚴格一些，原指一種不健康的關係，即一個人用微妙、不被承認的方式，去支持另一個人的成癮行為，或是讓那種行為變得可行。

雖然看起來不像，但是共依存的性格經常讓這個人在照顧他人的過程中，滿足了自己重要的需求。為了拯救人，他也許看起來很無私，犧牲奉獻，但是在讓成癮者得以如願解癮的過程，他也感覺自己很能幹、被需要，因此增強了自尊。共依存者可能會避開自己的需求，將它分配給成癮的那個伴侶。不過，共依存者並不會比成癮者更能與人保持真實、成熟的親密關係。共依存和「相互依存」（interdependency）這個普遍的人類狀況，是不同的兩件事。

比起本書介紹的其他類型極端自戀者，成癮型自戀者更迫使我們去檢視自己，去質疑是什麼讓我們困在從表面看來如此令人不滿意的關係中。也許成癮者的依賴，讓你暗自覺得自己很優越，相較之下像是個贏家。也許你那看來很明顯的關愛付出和自我犧牲，並未反映出真正的關懷。換言之，你自己的自大和欠缺同理心，可能就躲在外顯的神聖和犧牲的行為背後。在專業文獻中，隱形自戀者（covert narcissist）、共同自戀者（co-narcissist）、倒錯的自戀者 (inverted narcissist)，時常被用來做為共依存者的同義詞。

雖然十二步驟（twelve-step）計畫有概念上的限制，但它對於酗酒者和其他成癮者，以及共依存者的復原，具有相當大的助益。不管有沒有找出問題的源頭，這些計畫都承認羞恥感在維持成癮行為上所扮演的角色。戒酒無名會在引導酒癮者實踐這十二步驟時，讓他們在一個受到支持的環境下，勇敢面對羞恥感。成癮者一輩子都在逃避羞恥感，但歷經多年的毀滅性行為只會加深他的羞恥感，如果沒有組織和專業的協助，他很難獨自對抗羞恥感。

同時，成癮型自戀者也得進行深度的心理治療，如果你能說服他接受治療的話。當「首選藥物」已經對他的身體健康造成顯著的威脅時，他也許得被迫承認自己的確有問題。但是，就跟其他類型的極端自戀者一樣，當周圍的世界支持他的自大，也不質疑他對其他人的感受所表現的無情及不尊重，那麼他可能會持續好幾年都處於否認狀態。

11

Narcissist

我很難搞，但並非完全無法應付

應付你身邊的自戀者

「贏家對輸家」的主題貫穿了這本書，同時聚焦在極端自戀者讓別人付出代價，以增強他的自尊，證明他是贏家的種種方式。牢牢掌握這股動力，將成為你應付身邊的自戀者時最重要的單一工具。從遠處看極端自戀者，也許他只是看起來浮誇或自大，可能因誇大的妄自尊大，有一點引人發笑；一旦你拉近距離，進入他的情緒軌道後，他勢必會讓你加入誰上誰下的心理遊戲。

極端自戀者之所以對你造成如此大的挑戰，是因為他對於你的自尊有強大的影響力。挑逗型自戀者讓你覺得自己很崇高，得意洋洋又很幸運，彷彿是個贏家，而本書介紹的大多數其他類型的自戀者，則會盡一切可能讓你覺得自己是個輸家。換言之，談到身邊的自戀者，你將發現在回應他的行為時，要保持中立和客觀很困難，因為他會影響你自己的價值感。如果你的自尊很脆弱，而且已經傾向用贏家和輸家的觀點來看世界的話，也就是說，你有自己的羞恥感問題的話，情況更是如此。

社會工作者珊迪．霍奇基斯（Sandy Hotchkiss）在討論自戀的傑出著作中解釋，當你跟「那些人互動時，他們對於現實的扭曲，會讓你懷疑自己，不相信自己的看法」。[1] 因為他們表現得超級自信，確信自己都是對的。即便你更清楚狀況，極端自戀者也常讓你相信，一定是你錯了。你跟身邊的自戀者之間的關係，有時會讓你想起掉進兔子洞的愛麗絲：你對自己的看法（太大或太小）感到困惑，無法確認何者為真、何者為假。

如果跟挑逗型自戀者談戀愛，你的判斷力將受到美化的愛所帶來的狂喜而遮蔽。在浪漫藥物的影響下，你非常好操控，很容易做出考慮欠周的選擇。例如，被我的案主茱莉亞迷倒的男性（見第五章），經常花費超出原本打算要花的錢；在對她的認識還不夠深入之前，他們就急於跟她定下來，因為她讓他們有非常優越的自我感覺。如果你曾經有過很快陷入愛河但演變成災難的經驗，這可能是你的問題，因為你不去留意危險的訊號，努力想維持或重拾幸福的狀態，選擇視而不見。

蒂娜．史威森的故事中，充滿了被她忽視的警訊，因為塞特經常讓她覺得自己很特別，值得被寵愛，有如贏家那樣，幸運地找到一位現代白馬王子。長達好幾個月的時間，隨著她的感情出現愈來愈多問題，她仍試圖重拾失去的浪漫陶醉狀態，即使她理應在跟塞特結婚、生下孩子之前，就結束那段感情。大部分跟瑪丹娜交往的人，應該早就預知，他們最後將落得跟她從前的男朋友一樣被拋棄，但是她的魅力無法擋，他們想參與如此迷人的權力之欲望，凌駕了他們的常識。

如果我們為了羞恥感而痛苦的話，可能會被極端自戀者所吸引，因為「當我們進入他們的浮誇世界，他們讓我們感到很特別……成為他們生活的一部分，讓我們覺得自己更完整、更興奮，我們或許將選擇為此付出代價，或否認那是代價。當這種情況發生時，我們可能基於幻想而去犧牲自己，最終落得空虛和傷痕累累」。[2]我的案主大衛（見第十章）一而再、再而三地追求這類型的關係。他為了參與偶像的高級生活，必須壓抑自己。為了躲避自己的羞恥感，大衛對於明顯的剝削徵兆視而不見，因為如此一來，他可以覺得自己隸屬於贏家圈子，即高級世界的一分子。

應付你所認識的自戀者，有時意味著對抗你自己的羞恥感。如果你發現自己持續被那些你覺得跟他們在一起，感覺很特別的人所吸引或誘惑，你可能在逃避自己的核心羞恥感，以及終身的無價值感。這種情況在由自戀型父母養大的人身上特別常見。不幸的是，這種父母的孩子特別容易遭受挑逗型自戀者剝削。我們可能一直苦於覺得自己不夠好，於是「當有如我們自戀型父母的人出現，對著我們微笑，（我們可能）無意識地把它想成是療癒的機會」。[3]

我的案主薇諾娜（見第八章）由一個完全只顧自己，沒能關心、同理她的母親養大，當一個家庭友人開始對薇諾娜性侵害時，她的母親假裝沒看到。這個自戀型母親為了個人利益而出賣女兒，因為她仰賴那個朋友實際的幫助，有時是金錢援助。薇諾娜後來嫁給一個極端自戀者，強迫她得依照固定的時間表跟他行房，無論她想不想要。有好幾年的時間，她順從丈夫馬克，努力想讓他開心，她無意識地相信，只要贏得丈夫的愛和認同，就能「治療」她終身的無價值感。

在這些例子中，要應付你身旁的自戀者，意味著要脫離和反省。薇諾娜最後離開了馬克，訴請離婚，並且開始接受個別治療。大衛隨著治療有進展，變得不再那麼關注他人，而且更理解自己深刻的羞恥感。他學會抗拒那些男人的挑逗魅力，與人建立關係時能做出比較好的決定，而且採取實際的行動去建立自尊。珊迪・霍奇基斯將這個過程比喻為「對藥癮說不」。[4] 那種暫時讓你感覺良好的關係，事實上卻阻礙了真實自尊的發展。

簡言之，要應付你身旁的自戀者，得從自我覺察（self-awareness）開始。

設下界限

應對自戀型父母是很特別的挑戰。即便是過去曾經遭受父母嚴重虐待的人，還是常感到得盡孝道的壓力。我們長大後一再聽到的社會觀念，都認為所有孩子應該榮耀父母才對。我們被告知「要心存感激」，於是發展出一股強烈的責任感，即便我們遭到嫉妒、被置之不理或受到虐待也一樣。我們試圖向朋友解釋自己受到傷害的行為，卻經常只得到感情用事的陳腔濫調：「她是你的媽媽，我知道事實上她是愛你的。」在得不到朋友、家人或整個社會的支持時，我們也許會對於自己從經驗學到的教訓產生懷疑。

此外，將孩子視為所有物或是自己的延伸的自戀型父母，覺得有權得到他沒得到的愛和尊敬。莫拉的母親（見第四章）從未表現出一點點的母愛和關懷，卻仍期望莫拉善盡孝道，在她生日時大手筆送禮物，對她心存感激。就跟許多自戀型父母的孩子一樣，莫拉把母親的缺陷怪罪在自己的頭上；她強烈認為，一定是她本來就不可愛。

我的案主薇諾娜常告訴我，雖然她學會保持距離，卻因為沒常去看母親而有罪惡感。她有時會大聲說出質疑，她的童年真的有「那麼糟」嗎？也許她誇大了痛苦的部分，忽視了母親關心她的方式。有時她會說服自己，應該更努力讓母女關係變好，應該去探視母親。然而，她們見面時的場面令人不快，充滿了母親的怒氣和相互指責，總是讓薇諾娜感到疲憊不堪。

依據我的經驗，像薇諾娜這樣的男女，經常懷抱一種無意識的期望，也就是：只要他們（也就是已成年的孩子）舉止行為正確的話，他們的自戀型父母終究能變成真正慈愛的母親或父親。然而，**要應對自戀型父母，得從放棄這個期望開始，為你永遠無法擁有那樣的母親或父親而哀悼。**過程中，或許你需要專家的協助。領悟到童年已經結束，並接受你錯失了唯一一次以所期望的普遍方式被教養的機會，這是令人悲傷且極為痛苦的事。你也得面對自己的羞恥感和無價值感，欠缺愛的童年必然會讓你留下這種後遺症，很難獨自面對。

在實際層面，應對自戀型父母包括設下界限，將進一步虐待的可能性降到最低。有時這意味著完全斷絕聯繫。在我撰寫的「自戀型母親」部落格貼文的留言中，我得知有的讀者無論在任何情況下都拒絕跟母親見面或聯繫。其他人則限制自己僅在假日去短暫探訪，遇到生日或週年紀念日時打一通電話。如果你是自戀型父母的兒子或女兒，你得替自己發展出一種父母式的關懷，也就是避免自己遭受更多痛苦。別管社會觀念說母親總是愛子女；相信你自己的看法，照顧好自己。你值得更好的對待。

如果你有一個將你美化的自戀型父親或母親，可能更難看出有什麼問題。父母通常都會以子女的成就為榮，所以你受到的誇大稱讚，也許看起來像是一種愛的形式。了解到事實上那不是真的在稱讚你，是一件困難且可能令人痛苦的事。這種自戀型父母將孩子視為美化的自己之延伸，自己的贏家自我形象的實現。席琳看似慈愛的母親（見第四章），就是用這種方式剝削她的女兒，逼席琳去參加兒童選美比賽、學鋼琴等等，以求讓她的女兒成為贏家。厄爾．伍茲用類似的方式剝削兒子老虎．伍茲。雖然他們像莫拉一樣沒被虐待，但這些孩子受到的教養都欠缺真實的愛和關懷。

面對將你美化的自戀型父母的真相，也包括哀悼。有效的應對意味著要設下界限，保護你自己。在某些時刻，這包括了面對自戀式教養必然會帶來的羞恥感。

忍住報復的衝動

即使你是由夠好的父母養大，極端自戀者仍可能對你的自我感覺造成強大的影響，將你美化，讓你樂翻天，或者鄙視你，傷害你。每個人都無法豁免，因為我們是社會性動物，透過彼此的關聯來定義及表達自己，我們的自尊在一定程度上取決於別人如何看待我們。當極端自戀者在我們的人生，如工作場所、家庭和社交生活，施展權力時，可能殘忍地攻擊我們的自我感覺，我們可能在無意識或有意識的層面，感覺到自己的存活有危險。面對任何威脅生命的攻擊，我們將進行自我防衛。

如果身邊的自戀者經常傷及你的自尊，讓你覺得自己像個輸家，你可能會以對抗羞恥感的自戀性防衛來回應。受他人鄙視時，你可能以義正詞嚴的憤慨來保護自己，彷彿受到沒道理的不公平對待。你可能退到無辜受傷的立場，從你的防衛城牆後面拋出批評。面對嘲笑和責備時，你可能嘗試想扭轉劣勢，逆轉責備。簡言之，除非你意識到「比較輸贏」這股動力，否則可能陷入戰場，認為必須以牙還牙，去對付打擊你人格的自戀性攻擊，用輕蔑對付輕蔑，以責備對付責備。

在某種程度上，人人都是自戀者。就像第二章提到的法律助理娜塔莉，有時你可能為了保護自己，抵抗自戀性傷害所造成的痛苦，而怪罪到他人身上，因為覺得受到不公平對待而變得生氣、憤怒，或者是採取高人一等或輕蔑的姿態。這些都是人們在自尊受傷時，很普通（不見得是病態）的反應。在大多數情況下，這些都是短暫的反應。隨著你冷靜下來，可能能夠看到別人的觀點，並在必要時承擔責任。你可能對於在氣頭上口不擇言而感到懊悔。如果你的自我感覺夠強，禁得起自尊受打擊的話，甚至會道歉！

然而，如果你苦於羞恥感的話，可能會陷入贏家對輸家的自戀戰爭。由於你的自尊受到威脅，可能很難置身事外：你過度投入於想證明「自己是對的，另一個人是錯的」。許多不健康的關係就這樣持續了好幾年，雙方都拚命想贏，以「證明」另一方是可鄙、丟臉的輸家。我的案主丹妮絲和丈夫艾瑞克（見第八章）就陷入這種爭吵；只有當兩人都退出「比輸贏」的衝突，好好處理個人的羞恥感，他們才能學會用比較健康的方式面對衝突。

如果這些描述讓你想起與他人的關係中有過的爭執，請專注在你自己的自戀弱點，不要去指責別人，下一回再發生的話，「忍住報復的衝動」。[5] 當你了解這股比較輸贏的動力後，「別嘗試去挑戰或開導」身邊的自戀者。他可能把你的說明想成你在展現一種優越感，讓他因為即將出現的羞恥感而加大對你的攻擊力道。反之，「你需要找到一個方法，讓你脫離這個自戀者所激起的你位居下風的感覺」，別期待他會認同你的觀點。[6]

培養一些憐憫心

蒂娜．史威森在跟塞特離婚的後期階段，發現「把他想成是在亂發脾氣的小孩」這一招很有用。把他視為一個充滿羞恥感、內心恐懼的小男孩，有助於應付他那荒謬且通常很殘忍的攻擊。許多探討這個主題的書籍，在引導讀者如何跟自戀者打交道時，都建議採取類似的做法。社會工作者溫蒂．巴哈莉（Wendy Behary）提供一段可能對你有益的詳細敘述：

把你自己放到自戀者的立場，代表了試著去意識和真正感受他的內心世界。有些特定技巧可以幫助你做到這一點。例如：當自戀者開始對你說話不客氣時，你可以把眼前這個成年男人的臉，跟一個孤單、沒人愛的小男孩的臉重疊。當你想像那個男孩的臉時，試著去想像他所經歷的事：他的痛苦感覺、缺陷感和羞恥感，他的寂寞和情感的空虛，為了得到關注、愛或認同，他得去面對難以忍受卻又無法逃脫的情況……你喚起自己的同理心，去擁抱那個小男孩，他是你眼前那個成年男人意識清醒時無力去感受的樣子。[7]

我知道，建議你在受到攻擊時，還要去憐憫另一個人，聽起來像是無理的要求，尤其是他很可能沒辦法回報你的關懷。但是，想辦法讓你身邊的自戀者變得有人性，而不要把他看成沒理性的怪物，有助於挽救你的自尊，也避免進一步威脅到他的自尊。

本書提到的大多數案例和名人的故事，描繪了被痛苦的童年形塑而成的極端自戀者。遭到遺棄或早年失去父母，身體受虐，情感忽視，因父母的自戀而受到剝削，受到父母嫉妒、憎恨等等，極端自戀者並非「天生如此」，而是被創傷形塑而成。當你苦於應付身邊的自戀者，試著同情他的羞恥感，將有助於你避免陷入比較輸贏的戰場。

對於這樣的案例，得運用情感想像力才能發揮同理心：讓極端自戀者失去人性的那種羞恥感，正是他不想讓你看到的部分。你得透過找出那些對抗羞恥感的防衛手段，如責備、輕蔑、義正詞嚴的憤怒，來推測他的羞恥感所在。即便你設法對於他的痛苦給予一些同情，也別期待他會心存感激。因為羞恥感讓極端自戀者感覺自己像是輸家，通常他不會要你的同情（雖然他可能藉由引起你的憐憫之心來操控你）。他可能覺得你在擺高姿態或是自認優越，然後再度攻擊你的自尊，以逃避他自己的羞恥感。

面對可能的敵意時，讓同情和憐憫引領你自己的行為，但別表現得太明顯。儘管有阻力，你得比身邊的自戀者「更大器」，做你認為**對彼此都好**的事。再提醒一次，把自己想成面對亂發脾氣的孩子的父母，有助於你面對這種情況。也許你需要設下適當的界限，表明哪些是可以接受的行為。你也許得對跟你說「我討厭你！」的孩子說「不」。在此同時，你不可以忽視隱藏在所有怒氣背後的痛苦和羞恥感。根據溫蒂．

巴哈莉的說法，應付身邊的自戀者涉及一種「再撫育」（reparenting），也就是「用關愛和引導去培育隱藏於他內在那個孤獨、匱乏的孩子」。[8]

我對於「再撫育」的療癒潛力，不像巴哈莉的看法那麼樂觀；在我看來，她的認知行為方法有時有些天真。核心羞恥感是一種強烈的折磨，而要讓極端自戀者得到真正療癒的唯一可能，就是面對那個羞恥感。為了設下界限和表明期待而去憐憫自戀者，也許有助於你保護自己，而且對身邊的自戀者有一些有限且短暫的好處，但是它對於專注在不間斷自戀性防衛的人而言，難以促進真正的成長（見第三章）。

擺脫這類人

巴哈莉針對可能與男性自戀者談戀愛的女性讀者提供了指引。她的建議大多數可能有用，但是真正照著做的話，比較像是花很大的力氣從事一項艱難的工作，但是報酬卻很有限。如果要維持你們的感情，有賴於你把（很明顯是成人的）伴侶，看成是受到恐懼和羞恥感困擾的小孩，所以他無法回應你的關懷。但你為何要那麼做？或許你能限制他別做出更具破壞性的行為，但能得到什麼情感回報嗎？縱使你盡了最大的努力，他大致上依然沒有能力去愛人和同理他人。

當我們堅持跟自戀型父母維持毫無益處的關係時，通常出於不健康的（且無意識的）理由。如果我們也同樣苦於羞恥感，也許會想抓住「成為他們浮誇世界的一分子的那種特別感覺」。就像薇諾娜，我們也許會跟自戀型父母重新開始不開心的關係，期待第二次會有比較好的結果。在無意識層面，我們可能害怕自己的需求，並且透過建立一種不安全且最好應避免的關係，來避開真正的依賴。畢竟，將伴侶看成是一個內心恐懼、充滿羞恥感的小孩，會讓關係變得不對稱，因為父母不會為了滿足自己的需求，而去求助孩子。

談到跟極端自戀者交往，我認為最佳做法是，一開始就避開他們，或者一旦了解他們真正的本性後，就馬上疏遠。「別抱著你將會改變那個人的想法，而去跟自戀者交往，也別以為他或她會因為對你的感情而改變。雖然人們有時確實會因感情的經驗而改變，但是自戀者欠缺這種轉變所需要的條件，也就是以憐憫之心回應憐憫之心的能力。」，

與這種人扯上關係，幾乎沒有好處

然而，有時你不見得能抽身。他可能是你的家人、公司老闆、同事或認識的人，你別無選擇，只能維持著困難的關係。在這些情況下，再次提醒，想圓滿地應付身邊的自戀者，永遠要記得「羞恥感」這個問題。極端自戀者不停地在建立和防衛他們的自我感覺，以擋住無意識的羞恥感。那些挑戰史蒂夫．賈伯斯這類萬事通型自戀者的員工，有時會贏得自戀者不甚情願的尊敬，但更常見的情況是，自戀者會想辦法大肆羞辱對方，以證明自己懂得更多。

如同前文提過的，也許我的建議看起來很怯懦，但是在與你身邊的自戀者化解衝突時，不必堅持高道德。真相和公平對於極端自戀者而言，沒有任何意義；訴諸於他的理性或正義感都沒用。除非你是像大衛．華許那樣的鬥士，他為了揭發藍斯．阿姆斯壯的禁藥計畫（耗費大量金錢和精神），對阿姆斯壯窮追不捨，否則你最好避免跟他們直接起衝突。不要批評或質疑他所說的謊話。就像大衛．華許被告誹謗並遭到媒體攻擊他的品行，如果你敢說出真相，可能引來仇殺。

如同珊迪．霍奇基斯提到的，「跟自戀者打交道時，普通的自信技巧通常會失效，因為他們都會把這看成在攻擊他們的與眾不同、浮誇和特權感。」[10]她建議，「找出最溫和的方式表達你的意思，然後巧妙地修補他們的羞恥感。」[11]相關做法通常包括奉承他們、增強他們的自尊，讓所有批評聽起來更溫和。

再次提醒，採取這種做法可能讓你感到不安或是不誠實，但是，戴爾・卡內基在很久以前就提出，即便是公正、誠實的批評，對於大部分人（不只是極端自戀者）來說，在被傷害到「寶貴的自尊心」時，都會擺出防衛姿態。當你發現自己遭到攻擊時，知道你對對方的批評是精準且站得住腳的，或許能帶給你一絲絲安慰。就像我在第八章提到的律師朋友，你的最佳做法也許是「順著對方的意」，在攻擊還沒發生之前就先降溫。當然，前提是你有相當強大的自我感覺，而且不需要太多外在的認可就能相信自己的價值。

有時這個技巧也會失靈，無論你做什麼都無法讓極端自戀者緩和下來。光是你的存在對他來說就是一種持續性的侮辱。若是像職場霸凌受害者瑪莉（見第三章）的情況，你也許得去找新工作。如同泰勒・麥歐文（見第九章）所發現的，當你傷害了懷恨型自戀者，無論你說什麼或做什麼，有時他會因非理性、無情和不間斷的衝動，對你進行報復。碰到那種情況，要記錄下你們的互動，保存你的工作內容，有時可能需要尋求法律諮詢。

蒂娜・史威森在日誌裡記錄下塞特說過的所有謊言，以及他違背孩子監護權協議的行徑。她憑著裝在女兒手機的全球定位系統追蹤軟體，證明塞特違反協議。她保存他的所有語音留言，在法庭上揭露他愛辱罵人的天性。有時，史威森把她的前夫想成是一個弱小且害怕的小男孩在亂發脾氣，但是憐憫之心未並阻礙她合法地保護自己的冷靜務實作風。

在許多情況下，極端自戀者帶有危險的威脅性，你必須想盡辦法保護自己。

自戀型的孩子：在這種情況下你必須說「不」

在一般家庭裡，像西洛（見第六章）那種表現普通卻是浮誇型自戀者的孩子，還有像第十章的案主伊恩那種因為依賴解藥而遠離我們的成癮型自戀者，會面臨另一種問題。要對付他們潛伏的自大浮誇，需要不同的技巧，不過，「羞恥感」仍是一大問題。他們對於我們自尊的影響比較不明顯，但如果我們想要有效應付他們的話，得再度注意自己的自戀弱點才行。

像西洛的父母（安妮和約翰）這樣的人，大多苦惱於孩子不積極、自我中心、漠視他人的感覺，而且明顯缺乏道德感，納悶地問：「我們到底哪裡做錯了？我們都是疼愛孩子的父母，他擁有一切優勢，結果看看他變成什麼樣子！」要他們承認自己如何造成這個問題，也許有點困難。因為他們拚命想養出「贏家」小孩，以證明自己的羞恥感不是真的，在孩子的浮誇想法需要面對現實之際，他們一直不停地美化他。他們不去設定適當的界限和現實的標準，而是繼續讚美他的所有作為，而在孩子行為不當時所採取的處罰，往往軟弱又沒意義。

不過，並非所有的錯都該怪到父母頭上。生長在一個鼓勵表現自我和鼓吹權利感的時代，無疑會助長這個問題。然而，在更嚴重的懶惰且浮誇的案例中，源頭往往是父母的自戀。有些就像厄爾．伍茲或約瑟夫．傑克森那種自戀型父母，永遠在追求完美，迫使他們的孩子很早就有超乎預期的成就，而其他一些就像安妮和約翰那樣的父母，美化並縱容孩子，彷彿他們所做的每件事都是很大的成就。他們極度想要相信自己的孩子很特別，以至於忘了教導成功所需的標準和自律。

日後在應付這樣的孩子時，父母得承認他們在製造這個問題上所扮演的角色，並幫助孩子面對他的羞恥感。有強烈權利感的浮誇型自戀者，在別人眼裡可能是優異或冷漠的人，但是像我的案主妮可，她在無意識層面覺得自己是個輸家。傲慢和輕蔑的態度，通常掩蓋了強烈的羞恥感。許多父母在孩子成年後，依然鼓勵孩子去防衛羞恥感，允許他們住在家裡卻不需分擔家用，他們表面上看起來獨立，但是父母仍在金錢上資助他們。或者當他們出現緊急狀況時，父母一再出手解救。這樣的父母始終保護兒子或女兒，讓他們免於承受自己的決定所造成的後果，導致孩子很難從經驗中學習。

即便你那有自戀性格的孩子已經成年，你仍需要採用廣為接受的教養策略，去教養年紀更小、但已顯露自戀性格的孩子。學會設立適當的界限，而且要說「不」。清楚表明依據他們的年紀而定的期待，具體說明如果他們沒能守規矩的話，會有什麼後果。處罰時要堅持到底，標準前後一致。當你跟孩子的權利感起衝突時，有時可以用發脾氣來表達，但別因為受到個人攻擊而動搖。別指望你的孩子會喜歡你或是心存感激。「嚴厲的愛」（tough love）是一種廣泛被運用，卻遭誤解的教養技巧。不過，拒絕將你的孩子從自我毀滅的行為所導致的後果中拯救出來，往往最能展現你的愛。雖然要這麼做很難且令人痛苦，但有時你得讓孩子嘗到失敗，重重跌一跤。

如果你繼續支持孩子的浮誇和權利感，至少有一部分得怪罪於你自己的自戀。

改變你自己，而不是去改變成癮者

由於「成癮」這個詞語已經深入文化之中，我們被教導把它看成是生物化學上的狀態，但是要了解並應付成癮型自戀者，得先從改變看法開始。成癮者的心理依賴也許是事實，但是這無法解釋隱藏在成癮中的自大浮誇。我們不應該把成癮者缺乏對他人的關心，看成是成癮問題衍生的副產品，而是得把它看成一種先前就存在的狀態。不是把羞恥感單純視為成癮行為的結果，而是必須了解它也是導致成癮的一個因素。

儘管十二步驟計畫有其限制，但是這種方法多少觸及了相關因素。承認自己對於成癮沒輒，把自己交給一個更高的力量，能夠抑制自大。十二步驟計畫在精神方面，將「以自我為中心」視為主要的「精神疾病」，而實踐這些步驟的目標，在於用新的道德意識取代「以自我為中心」，並且去關懷他人。成癮者透過面對自己過去行為所造成的傷害性結果，想辦法改過自新，重視他人的感受，在這段期間難免會產生罪惡感和羞恥感，卻是復原過程的一部分。

如果成癮者是你的家人，或是你交往的對象，「嘗試想改變他們只會徒勞無功。如果想讓自己好過一點，你得改變的是自己。」[12] 如同珊迪．霍奇基斯所言，「那些被成癮症和強迫症患者所吸引，並且持續交往的人稱為共依存者，他們自己通常有一些不那麼健康的理由，需要去控制或照顧那些失控的人。」[13] 共依存匿名會（Co-Dependents Anonymous, CODA）是另一種十二步驟計畫，將共依存視為另一種形式的成癮症，並像其他同類的復原計畫，包括了限制浮誇自大及面對罪惡感和羞恥感，換言之，就是勇敢面對自己的自戀。如同先前提到的，「共同自戀者」（co-narcissist）是「共依存者」（co-dependent）常用的同義詞。

在實際層面上，內省並處理自己的問題，有時意味著跟成癮型自戀者中止關係。至少，它代表去建立新的限制和更好的界限。拒絕參與或支持任何成癮行為，也就是說，別因為你的容忍而讓對方的癮頭得到滿足，或是借錢讓成癮者去解癮。拒絕容忍濫用的行為。就像在面對用自我毀滅的方式表現自大特權感的小孩一樣，當他嘗到自己的行為所造成的惡果時，別再去救他。如果你覺得自己救得了成癮型自戀者的話，你不但沒有真的幫上忙，也沒顧好你自己。

你在自戀光譜上的哪個位置？

近年來，大家很常說某某人自戀，表達對於那個人的輕蔑。記者、專家和無實際經驗的心理學家，經常把這個標籤貼在別人的頭上，用於嘲笑或批評，想證明別人的政治立場錯誤，甚至用來發洩仇恨。舉一個例子來說：上網搜尋「歐巴馬自戀者」（Obama narcissist）這個詞，會看到許多右派的網站利用虛假的精神病學分析來攻擊這位總統。

我們的社會愈來愈同情精神疾病患者，卻沒有將同情擴及到極端自戀者。被診斷為自戀型人格違常的人，看起來像是欠缺人性。自戀者是壞人，自私、自大、無法同感、無情剝削、殘忍且有報復心等等。簡言之，他們跟我們不一樣，我們不喜歡他們。《精神疾病診斷準則手冊》依照精神疾病的疾病模式，也鼓勵我們將自戀視為折磨那些難搞的人的一種間斷疾患（discrete disorder）。因為媒體在提到自戀型人格違常時，聽起來大多像是在譴責，你自然不想跟被診斷有這個毛病的人一樣。如果你流覽一下用極端語言描述的自戀型人格違常症狀的清單，很容易忽略了有時你自己看起來也有一些虛假的自我優越感，或是在某些特定情況下，你對於在乎的人失去同理心。

當你聽到防衛機制被描述成一種固定性格特徵時，或許認不出自己偶一為之的防衛性反應。

我撰寫本書的主要目的是，把自戀跟許多可能的行為表現光譜放在一起，找出我們跟極端自戀者有哪些共同點，而不是去強調我們的差異。最後一章延續我的主題，為了有效應付身邊的自戀者，經常意味著得先面對你自己的自戀弱點。當他們用輕蔑、責備或憤恨傷害你「寶貴的自尊心」時，你可能會用類似的自戀性防衛手段回應，以阻擋羞恥感和恥辱感。他們的吹噓可能引發你的嫉妒，因為你在背地裡也想當贏家。或者你因為相同的理由，受到他們的誘惑所害。你可能偷偷地幫他們解癮，或者對他們失能的生活方式伸出援手，因為照顧者的角色讓你避免面對自己的羞恥感。

我在第一章講述一段只顧自己，沒顧及鋼琴老師的經驗，這是我日常的一種自戀行徑。接下來，我想用另一個痛苦的故事做為本書的結尾，希望藉此描繪出，他人的自戀行為和我們自己的防衛性反應之間複雜的相互影響，時常帶有自戀成分。這件事發生在多年前的一場晚宴上，當時我還住在洛杉磯，正努力想當一名作家。

當晚的賓客之一凱蒂，是一位好萊塢成功劇作家和艾美獎入圍者。聰明、活潑且堅持己見的她，有一種主導對話的傾向。她經常長篇大論地談到在編寫情境喜劇時遇到的挫折，同時無意間透露她賺了很多錢。她若無其事地說了她和丈夫最近在好萊塢花大錢買了一棟新房子。在我遇到她的大多數社交場合裡，她通常會找機會提起自己獲得艾美獎提名的事。相較於我在第七章提到的萬事通型自戀者莫妮卡，凱蒂提到自己的優越時，比較低調，沒那麼令人討厭。

當時，我並不明白她讓我感到嫉妒。我這輩子一直都想當個靠寫作維生的專業作家。從許多方面來看，凱蒂擁有的正是我想要的生活。她還讓我覺得自己是個失敗者，儘管我知道那不是她的本意。其實，我知道凱蒂比我更勤奮地磨練寫作功力。雖然我花了很多年克服寫作上的不足之處，但在當時，我對於自己沒有花時間下苦功而感到羞恥（大多是在無意識層面）。

在那場晚宴上，凱蒂告訴我們，她跟一名電視節目首席編劇起爭執的事。她的上司，一位較年長的男性，要她修改劇本，遭到她的拒絕。隨著他們的爭執愈鬧愈兇，他用粗魯且輕蔑的字眼辱罵她，說她「對當權者有意見」，需要解決「跟男性有關的問題」。凱蒂對著一桌子的人說：「我不認為我對男性有意見。」那時候，她已經喝了很多酒，有點口齒不清。「那只是他的沙文主義作風，把女性講成在她的立場上盛氣凌人。男性不喜歡強勢的女性。」

任何熟悉凱蒂且有心理學洞察力的人，都能看出權高位重的男性向來都會引起她的反抗心。

我對她說：「喔，在我看來，我的確認為你對男性有意見。」

儘管我的語氣中肯，但這些話是粗魯又有敵意的。一個心理健康領域的專業人士帶著某種程度的專長那樣發言，是近乎殘忍的。直到今天，我想起那個晚上，仍然感到羞愧。

凱蒂雖然有把自己想得太好的傾向，但她不是極端自戀者。她經常在社交場合隱約表現得比其他人更優越，不太在乎他人的感受。她是常見的自戀者，我相信你一定遇到很多像她那樣的男女。

我沒對自己承認，相較之下，我覺得自己像個輸家。她稍微吹噓了自己在寫作上的成就，激起了我的嫉妒。自戀者經常會如此，她輕輕碰觸了我的痛處，挑戰了我的自尊。而我用真正自戀的方式，利用我的專業身分去羞辱她。我的發言跟男性沙文主義毫無關係，全跟我自己的羞恥感有關。我為了提升自我形象而去羞辱她。

你也有像這樣的痛苦回憶嗎？也許你有無法忘懷的記憶；有時它湧上心頭時，你傾向以自己的想法為自己辯解，彷彿想向看不到的第三方旁觀者證明，你絲毫沒什麼好後悔的，沒理由感到罪惡；該怪的是另一個人，他罪有應得。這種持久的記憶，以及我們對它做出的防衛性反應，經常指向無意識的罪惡感和羞恥感。我表現出的義正詞嚴和責怪他人，都是用來支撐緊張不安的自我感覺的一種自戀性防衛。

我花了好多年才完全了解，並且承認自己為何那麼做的原因。有很長一段時間，我說服自己，我只是說真話，否認我所說的話帶有敵意色彩。當我最後說服自己該表示道歉時，其實不是很認真。羞恥感很令人苦惱，經常是難以面對的情緒。如果當年我更了解自己的話，回應凱蒂的方式應該就不會傷害到她「寶貴的自尊心」，同時也保有我自己的自尊。

我提出這件事的目的，是想要說明，該如何應付身邊的自戀者，往往意味著你要先掌握好自己的自戀性格弱點。當自稱贏家的人讓你感覺自己像個輸家時，你也會想把自己撐起來，扭轉劣勢。你也許會做出防衛性反應，但那只會讓你在事後感覺更糟。你也許會帶著一種義正詞嚴的正當感，說出你的嫉妒或表現出你的不屑。

簡言之，在應付其他人的自戀特徵時，時常意味著逐漸接受你最熟悉但也許是最不懂的那個自戀者。

就是你的鏡子裡所映照的這個人。

致謝

當我開始撰寫這些感謝名單時，腦海中浮現一本我常念給孩子聽的一本書：《如果你給老鼠吃餅乾》（*If You Give a Mouse a Cookie*）。書中的故事在超乎預期卻合理的一連串事件裡，出現一個緊扣著一個的情節。給了那隻老鼠餅乾之後，牠口渴了，於是牠要了一杯牛奶，然後再要一根吸管去喝牛奶等等。這本書也是由一連串緊密環環相扣的事件，超乎預期卻又勢不可擋地造就而成。

我的父母賦與我生命，提供一個舒適的中產家庭教養環境，對此我心存感激，但如果他們在情感方面的表現不是那麼糟的話，我也不必花十三年的時間在麥可・伊恩・保羅（Michael Ian Paul）的精神分析室裡的沙發上。可以說，保羅博士救了我的性命，我所知道的心理治療執業知識，大多來自他的教導。如果沒有受到他的良好範例啟發，我不會成為一位精神分析師。

如果沒有接受分析訓練的話，我不會成為湯姆・格蘭特（Tom Grant，他在多年前因腎臟癌過世）和他的妻子安・格拉瑟（Ann Glasser）的好友，安也是受訓中的精神分析師。許多年後，在我遇到人生危機時，安和我討論到她從人生導師吉姆．奧克蘭（Jim Oakland）身上學會關於羞恥感的事。湯姆過世後，安跟隨奧克蘭博士從洛杉磯搬到西雅圖，她在那裡執業，後來再婚。我與安談了許多關於無意識羞恥感和對抗無意識羞恥感的防衛，這些討論徹底改變了我的人生，無論是私領域或專業領域。吉姆．奧克蘭博士的想法，透過安．格拉瑟傳遞給我，深刻影響我的工作，也成了本書的核心。這件事看起來有點奇特，我對奧克蘭博士充滿感激，但我和他僅在他住在洛杉磯時有過一面之緣。

如果湯姆還活著，維持與安的婚姻，並留在洛杉磯執業，那麼我應該也會住在那裡；我們的交情很深，專業上的關係也很緊密，會彼此互相推薦案主。湯姆過世後，安又搬走，是我最終決定搬離洛杉磯，舉家遷居國會山莊的一大原因。

如果沒有搬到國會山莊，我就不會參加勞雷爾．戈德曼（Laurel Goldman）週四下午的寫作班，我已經加入十五年了。我也不會認識最棒的寫作老師和最靈敏且具洞察力的作家群：Christina Askounis、Angela Davis-Gardner、Peter Filene、Peggy Payne。在我撰寫本書時，這些朋友和作家同行聆聽我寫的每個字。他們表達支持與熱情，貢獻出色的建議，幫助我大幅改善內容。我認為，這本書是我們眾人的成就。

最早我要寫的是談論羞恥感的書，但是我接觸的每位作家經紀人都告訴我，書籍編輯不會喜歡我的構想。如果沒有吃了這些閉門羹的話，我也不會改變方向，轉而去寫有關自戀的書。我的長子威廉（William）催促我去寫一本有關名人自戀的書，已經有一段時日了。

多年前，我和威廉在科羅拉多州健行時，他鼓勵我經營部落格，在這個建議下，我發展出網路「平臺」，讓我跟出版商建立起信賴的關係，有助我和 Touchstone Books 出版社簽定合約，那一天真是決定命運的一天。

如果麥可．埃哈（Michael Eha）沒有建議我寫一篇有關藍斯．阿姆斯壯的文章，我應該就不會想到要用名人的故事，來做為說明自戀心理的一種方法。

如果我沒有聘請傑出的莎朗．比亞利（Sharon Bially）當我的公關，幫我宣傳《為什麼我們總是在逃避》（*Why Do I Do That?*）一書的話，我的文章也不會刊登在《大西洋月刊》（*The Atlantic*）。在我寫了關於阿姆斯壯的文章後，她將我介紹給編輯詹姆斯．漢布林（James Hamblin），而詹姆斯將我的多篇文章刊登在線上版《大西洋月刊》的健康版。

如果我沒有在幾年前寫了一本有點瑕疵的小說，我先前的作家經紀人不會幫我引見出類拔萃的自由書籍編輯艾蜜莉・赫克曼（Emily Heckman），讓我在二〇一三年著手草擬本書的提案時，跟她重新聯繫。艾蜜莉是Pocket Books出版社的前主編，與人合寫了九本書，在本書的提案逐步成形的過程中，她的評論敏銳，提出的建議極具創意，同時也熱情支持我。她在形塑這本書上，扮演一位強而有力的角色。過程中，我們已經變成好友。

如果作家經紀人艾里克・納爾遜（Eric Nelson）沒有起頭，對我的新書提案表達初步的興趣，同時告訴我該如何選擇作家經紀人，我可能永遠都沒能跟吉蓮・麥肯齊（Gillian MacKenzie）簽約。吉蓮是結合了好品味、優秀寫作技巧、生意頭腦，並且知道出版業賣點的罕見人物。她以準確的眼光和行銷的能力，幫我琢磨了本書的提案。她超棒的助理艾莉森・德弗羅（Allison Devereux）值得信賴、十分細心，與她共事相當愉快。

如果蜜雪兒・豪瑞（Michelle Howry）沒有對本書的提案那麼熱心，替Touchstone Books簽下的話，今天你手上不會握著這本書。從草稿開始到編輯原稿的過程，蜜雪兒始終是和善的批評者、明智的引導者，以及熱情的支持者。她在本書的形塑與琢磨它要傳達的訊息上，扮演重要的角色。如果她不是我的編輯，毫無疑問這本書肯定無法如此圓滿。

如果……如果……如果，我十分感謝所有人。

同時，我也很感謝這些年來放心把他們交給我照料的案主。我也要感謝 Simon & Schuster 出版社的傑出團隊。我要謝謝「外部」讀者對於初期草稿給予的肯定和建議：William Burgo、Michael Eha、Lois Eha、Carolyn Fisher。我的朋友 Dave Birkhead、Cady Erickson、Sue Jarrell、Sherry Kinlaw、Cathryn Taylor、Kathy Stanford，在我寫作的過程中為我加油打氣。如果沒有如此有創意的團隊和支持的友人在身旁，我不會像現在這麼驕傲和幸福。

建議閱讀書單

關於自戀的專業文獻數量很龐大。下列簡短清單包括了我認為要了解自戀的精神動力學（psychodynamics）最有助益的題目，其中有些為專業人士提供了治療的指引，有些為門外漢提供建議，如何應付他們人生遭遇到的極端自戀者。

T. Behary, Wendy T. *Disarming the Narcissist: Surviving & Thriving with the Self-Absorbed.* Oakland, CA: New Harbinger Publications, 2013.

Bradshaw, John. *Healing the Shame that Binds You.* Rev. ed. Deerfield Beach, FL: HCI, 2005.

Hotchkiss, Sandy. *Why Is it Always about You? The Seven Deadly Sins of Narcissism.* New York: Free Press, 2003.

Kernberg, Otto F.. *Borderline Conditions and Pathological Narcissism.* New York: Jason Aronson, Inc., 1975.

Kohut, Heinz. *The Restoration of the Self.* New York: International Universities Press, Inc. 1997.

Masterson, James F. *The Narcissistic and Borderline Disorders: An Integrated Approach.* New York: Brunner/Mazel, 1981.

Miller, Alice. *The Drama of the Gifted Child.* New York: Basic Books, 2008.

Morrison, Andrew. *Shame: The Underside of Narcissism.* New York: Routledge, 1989.

Nathanson, Donald. *Shame and Pride: Affect, Sex and the Birth of the Self.* New York: W.W. Norton, Inc., 1992.

Schore, Allan. *Affect Regulation and the Origin of the Self: The Neurobiology of Emotional Development.* Denmark: Lawrence Erlbaum Associates, 1994.

引用文獻及註釋

02 我很容易受傷——自尊與自戀性傷害

1. Dale Carnegie, *How to Win Friends and Influence People* (1936; reprint, New York: Simon & Schuster, 2009), 5.
2. Andrew Morrison, *Shame: The Underside of Narcissism* (New York: Routledge, 1989).

03 我是贏家，你是輸家：霸凌型自戀者

1. Otto F. Kernberg, *Borderline Conditions and Pathological Narcissism* (New York: Jason Aronson, Inc., 1975), 234.
2. Anna Freud, *The Ego and the Mechanisms of Defense* (New York: International Universities Press, Inc., 1946).
3. D. W. Winnicott., "The basis for self in body," in *Psycho-Analytic Explorations*, ed. C. Winnicott, R. Shepherd and M. Davis (London: Karnac, 1989).
4. John Bradshaw, *Healing the Shame that Binds You*, rev. ed. (Deerfield Beach, FL: HCI, 2005).
5. Linda Armstrong Kelly, *No Mountain High Enough* (New York: Broadway Books, 2005), 19.
6. Reed Albergotti and Vanessa O'Connell, *Wheelmen* (New York: Dutton, 2013), 39.
7. Lance Armstrong and Sally Jenkins, *It's Not about the Bike* (New York: Putnam, 2000).
8. http://www.workplacebullying.org/individuals/problem/who-gets-targeted.
9. http://www.bullyingstatistics.org/content/bullying-and-suicide.html/.

04 我從來都不想跟你一樣／我一直都想跟你一樣：自戀型父母

1. Allan Schore, *Affect Regulation and the Origin of the Self: The Neurobiology of Emotional Development* (Denmark: Lawrence Erlbaum Associates, 1994).
2. Alice Miller, *The Drama of the Gifted Child* (New York: Basic Books, 2008), x–xx.
3. Ibid.
4. Tom Callahan, *His Father's Son: Earl and Tiger Woods* (New York: Gotham Books, 2010), 6.
5. *Ibid.*

6. *Ibid.*
7. *Ibid.*, 4.
8. *Ibid.*, 6–7.
9. *Ibid.*, 15.
10. *Ibid.*, 13.
11. *Ibid.*, 14.
12. *Ibid.*, 41.
13. *Ibid.*, 45.
14. http://sportsillustrated.cnn.com/vault/article/magazine/MAG1009257/1/index.htm.
15. Callahan, *His Father's Son*, 44.
16. *Ibid.*, 232.
17. http://www.denverpost.com/sports/ci_12111710.
18. http://www.nydailynews.com/news/tiger-woods-press-conference-transcript-full-text-apology-article-1.195565.
19. http://www.tmz.com/2010/04/02/tiger-woods-kindergarten-teacher-racism-gloria-allred-liar-ms-decker/.
20. Callahan, *His Father's Son*, 96.
21. 我聚焦在自戀型母親，並不是在暗示為人父母者，女性比男性更自戀。她們並非如此。但是，儘管近年來父親在嬰兒的生活中，扮演的角色有日益吃重的現象，但是母親對於孩子早年的影響，還是比較大。自戀型父親也常拋棄家庭，在追求自我滿足之際，忽略他們的責任。他們因為忽視小孩，造成小孩的傷害，但是此舉的直接有害影響，比自戀型母親造成的傷害來得小。

05 我要你需要我：挑逗型自戀者

1. http://www.huffingtonpost.com/2013/08/08/bill-clinton_n_3718956.html.
2. Tina Swithin, *Divorcing a Narcissist: One Mom's Battle* (San Luis Obispo: Self-Published, 2012), 11.
3. *Ibid.*, 20.
4. Donald Nathanson, *Shame and Pride: Affect, Sex and the Birth of the Self* (New York: W.W. Norton, Inc., 1992).
5. J. Randy Taraborrelli, *Madonna: An Intimate Biography* (New York: Simon & Schuster, 2001), 13.
6. Kernberg, *Borderline Conditions*, 235.
7. Taraborrelli, *Madonna*, 8.
8. *Ibid.*, 52.
9. *Ibid*, 66.
10. *Ibid*, 82.

11. *Ibid*, 82–83.
12. *Ibid*, 57.
13. *Ibid*, 66.
14. *Ibid*, 67.
15. *Ibid*, 23.
16. John Skow, "Madonna Rocks the Land," *Time*, May 27, 1985, 7.
17. Max Weber, *The Theory of Social and Economic Organization*, trans. A. M. Henderson and Talcott Parsons (Glencoe: Free Press, 1947), 358.
18. Swithin, *Divorcing a Narcissist*, 19.

06 我是世界之王：浮誇型自戀者

1. http://www.nytimes.com/2013/06/16/arts/music/kanye-west-talks-about-his-career-and-album-yeezus.html?pagewanted=all&_r=0.
2. Jean M. Twenge and W. Keith Campbell, *The Narcissism Epidemic: Living in the Age of Entitlement* (New York: Atria Books, 2009).
3. *Ibid.*
4. Brad J. Bushman and Roy F. Baumeister, "Threatened Egotism, Narcissism, Self-Esteem, and Direct and Displaced Aggression: Does Self-Love or Self-Hate Lead to Violence?" *in Journal of Personality and Social Psychology* (1998, vol. 75, no. 1), 219–229.
5. http://en.wikipedia.org/wiki/Mister_Peabody#cite_note-MPSStoryOverlay-1.
6. Drew Pinsky and S. Mark Young, *The Mirror Effect: How Celebrity Narcissism Is Seducing America* (New York: HarperCollins, 2009), 15.
7. Jake Halpern, *Fame Junkies: The Hidden Truths behind America's Favorite Addiction* (New York: Houghton Mifflin Harcourt, 2006).
8. Daniel Joseph Boorstin, *The Image: A Guide to Pseudo-Events in America* (New York: Vintage, 1961).
9. Joseph Burgo, *The Hero as Narcissist: How Lance Armstrong and Greg Mortenson Conned a Willing Public.* (Chapel Hill: New Rise Press, 2013).
10. http://www.lrb.co.uk/v36/n05/andrew-ohagan/ghosting.
11. http://www.newyorker.com/reporting/2010/06/07/100607fa_fact_khatchadourian?currentPage=all.
12. http://www.lrb.co.uk/v36/n05/andrew-ohagan/ghosting.
13. http://www.independent.co.uk/news/uk/home-news/julian-assange-i-am-ndash-like-all-hackers-ndash-a-little-bit-autistic-2358654.html.
14. Daniel Domscheit-Berg. *Inside WikiLeaks: My Time with Julian Assange at the World's Most Dangerous Website* (New York: Crown, 2011).
15. http://www.lrb.co.uk/v36/n05/andrew-ohagan/ghosting.
16. http://www.nytes.com/2011/01/30/magazine/30Wikileaks-t.html ?pagewanted=all&_r=0.

07 我有好多事要告訴你：萬事通型自戀者

1. Martha Stout, *The Sociopath Next Door: The Ruthless versus the Rest of Us* (New York: Broadway Books, 2006), 60.
2. *Ibid.*, 92.
3. http://www.vanityfair.com/society/2014/01/bikram-choudhury-yoga-sexual-harassment.
4. *Ibid.*
5. *Ibid.*
6. Walter Isaacson, *Steve Jobs* (New York: Simon & Schuster, 2011), 118.
7. *Ibid.*
8. *Ibid.*, 120.
9. *Ibid.*, 119.
10. *Ibid.*
11. http://www.esquire.com/features/second-coming-of-steve-jobs-1286.
12. Isaacson, *Steve Jobs*, 121.
13. *Ibid.*, 12.
14. *Ibid.*, 246.
15. *Ibid.*, 264–265.
16. *Ibid.*, 266.
17. *Ibid.*, 5.
18. *Ibid.*, 257.
19. *Ibid.*
20. Nancy Newton Verrior, *The Primal Wound: Understanding the Adopted Child* (Baltimore: Gateway Press, 1993), 1.
21. O. Kernberg, "Pathological narcissism and narcissistic personality disorder: Theoretical background and diagnostic classification," in E. F. Ronningstam (ed.), *Disorders of Narcissism. Diagnostic, Clinical, and Empirical Implications* (Washington, DC: American Psychiatric Press, 1998), 29–51).

08 我才對，你錯了：自以為是型自戀者

1. Nathanson, *Shame and Pride*, 128.
2. *Ibid.*, 129.
3. http://www.vanityfair.com/hollywood/features/2011/03/mel-gibson-201103
4. *Ibid.*
5. *Ibid.*
6. http://www.deadline.com/2011/04/exclusive-mel-gibson-finally-talks/.
7. http://gawker.com/5593265/mel-gibsons-phone-rants-the-complete-collection.

8. Martin Kantor, "Coping, Containing, and Countering Antigay Prejudice and Discrimination," in Jean Lau Chin (ed.), *The Psychology of Prejudice and Discrimination (Race and Ethnicity in Psychology)* (New York: Praeger, 2004), 227.
9. Weinstein, et al., "Parental autonomy support and discrepancies between implicit and explicit sexual identities: Dynamics of self-acceptance and defense," in *Journal of Personality and Social Psychology*, vol 102(4), April 2012, 815–832.
10. http://gawker.com/5533901/second-gay-escort-claims-sexual-encounter-with-george-rekers.
11. Gwenda Blair, *Donald Trump, Master Apprentice* (New York: Simon & Schuster, 2005), 18.
12. *Ibid.*, 84.
13. *Ibid.*, 11.
14. *Ibid.*, 13.
15. *Ibid.*, 4.
16. *Ibid.*, 31.
17. *Ibid.*, 215.
18. *Ibid.*, 174.
19. *Ibid.*, 134.
20. *Ibid.*, 197.
21. *Ibid.*, 116.
22. John. R. O'Donnell with James Rutherford, *Trumped! The Inside Story of the Real Donald Trump——His Cunning Rise and Spectacular Fall* (New York: Simon & Schuster, 1991), 54-55.
23. *Ibid.*, 70.
24. *Ibid.*, 326.

09 要是你質疑我，我就傷害你：懷恨型自戀者

1. 一段他更著名的大爆走畫面，可以在 YouTube 網站上找到。
https://www.youtube.com/watch?v=koE_e_LX4c0.
2. Swithin, *Divorcing a Narcissist*, 63-64.
3. *Ibid.*
4. *Ibid.*, 116–117.
5. *Ibid.*, 134.
6. *Ibid.*, 230.
7. *Ibid*, 231.
8. *Ibid*, 218.
9. Geoffrey Dunn, *The Lies of Sarah Palin: The Untold Story behind Her Relentless Quest for Power*. (New York: St. Martin's Press, 2011), 23.

10. http://www.vanityfair.com/politics/features/2009/08/sarah-palin200908?printable=true&currentPage=all.
11. Sarah Palin, *Going Rogue. An American Life* (New York: Harper Collins, 2009).
12. Dunn, *Lies of Sarah Palin*, 38-39.
13. Joe McGinnis, The Rogue: *Searching for the Real Sarah Palin* (New York: Crown, 2011), 19-20.
14. Dunn, *Lies of Sarah Palin*, 38-39.
15. *Ibid.*
16. McGinnis, *Rogue*, 19.
17. *Ibid.*, 20.
18. *Ibid.*, 28.
19. *Ibid*, 29.
20. *Ibid.*
21. *Ibid.*, 84.
22. *Ibid.*, 131.
23. *Ibid*, 132.
24. Dunn, *Lies of Sarah Palin*, 62.
25. *Ibid.*, 62–63.
26. *Ibid.*, 65.
27. *Ibid.*, 71.
28. *Ibid.*, 74.
29. *Ibid.*, 75.
30. *Ibid.*
31. McGinnis, *Rogue*, 91.
32. *Ibid*, 92.
33. Dunn, *Lies of Sarah Palin*, 109.
34. *Ibid.*
35. *Ibid*, 248.
36. *Ibid.*, 130.
37. McGinnis, *Rogue*, 143.
38. *Ibid.*, 145.
39. John Heilemann and Mark Helperin, *Game Change: Obama and the Clintons, McCain and Palin, and the Race of a Lifetime* (New York: Harper, 2010), 400-404.
40. *Ibid.*, 400.
41. Swithin, *Divorcing a Narcissist*, 231.
42. *Ibid.*, 257.

10 藥物比你對我更重要：成癮型自戀者

1. Nathanson, *Shame and Pride*, 355.
2. *Ibid.*
3. *Ibid.*
4. *Ibid.*, 356.
5. *Ibid.*
6. Otto Fenichel, *The Psycho-Analytic Theory of Neuroses* (New York: Norton, 1974), 347.
7. S.J. Blatt, et al., "The Psychodynamics of Opiate Addiction," in *J Nerv Ment Dis.* Jun;172(6):342-352.
8. Philip J. Flores, *Addiction as an Attachment Disorder* (New York: Jason Aaronson, 2004), 81.
9. *Ibid.*
10. Heinz Kohut, *The Restoration of the Self* (New York: International Universities Press, Inc. 1997), 197, n. 11.
11. https://uk.news.yahoo.com/plastic-surgery-addict-spends-%C2%A3100k-to-look-like-ken-doll-130450501.html#KDuJmvc.
12. http://swns.com/news/air-steward-has-spent-100000-on-plastic-surgery-to-be-a-real-life-ken-doll-48242/.
13. J. Randy Taraborrelli, *Michael Jackson: The Magic, the Madness, the Whole Story, 1958-2009* (New York: Grand Central, 2009), 20.
14. *Ibid.*, 20–21.
15. Randall Sullivan, *Untouchable: The Strange Life and Tragic Death of Michael Jackson* (New York: Grove Press, 2012), 41.
16. *Ibid.*, p. 66.
17. Taraborrelli, *Michael Jackson*, 205.
18. *Ibid.*
19. *Ibid.*, 177-178.
20. *Ibid.*, 230.
21. *Ibid.*, 231-232.
22. Sullivan, *Untouchable*, 271.
23. *Ibid.*, 270.
24. Taraborrelli, *Michael Jackson*, 567.
25. *Ibid.*, 472.
26. Sullivan, *Untouchable*, 119.
27. *Ibid.*, 415.
28. *Ibid.*, 119.
29. *Ibid.*, 213.
30. *Ibid.*, 201.

31. *Ibid.*, 115.
32. *Ibid.*, 245.
33. Taraborrelli, *Michael Jackson*, 518.
34. *Ibid.*
35. Sullivan, *Untouchable*, 195.
36. Taraborrelli, *Michael Jackson*, 191.

11 我很難搞，但並非完全無法應付——應付你身邊的自戀者

1. Sandy Hotchkiss, *Why Is it Always about You? The Seven Deadly Sins of Narcissism* (New York: Free Press, 2003), 61.
2. *Ibid.*, 62.
3. *Ibid.*, 62.
4. *Ibid.*, 63.
5. *Ibid.*, 67.
6. *Ibid.*
7. Wendy T. Behary, *Disarming the Narcissist: Surviving & Thriving with the Self-Absorbed* (Oakland: New Harbinger Publications, 2013), 148.
8. *Ibid.*, 148.
9. Hotchkiss, *Why Is It Always about You?*, 73.
10. *Ibid.*, 79.
11. *Ibid.*
12. *Ibid.*, 117.
13. Ibid.

你所不知道的自戀狂——認識你身邊的極端自戀者，保護自己不再受傷

The Narcissist You Know: Defending Yourself Against Extreme Narcissists in an All-About-Me Age

作　　者———約瑟夫・布爾戈博士（JOSEPH BURGO, PH.D.）
譯　　者———蔡文英
封面設計———張　巖
內文設計———劉好音
執行編輯———洪禎璐
責任編輯———劉文駿
行銷業務———王綬晨、邱紹溢、劉文雅
行銷企劃———黃羿潔
副總編輯———張海靜
總 編 輯———王思迅
發 行 人———蘇拾平
出　　版———如果出版
發　　行———大雁出版基地
地　　址———231030 新北市新店區北新路三段 207-3 號 5 樓
電　　話———（02）8913-1005
傳　　真———（02）8913-1056
讀者傳真服務—（02）8913-1056
讀者服務 E-mail— andbooks@andbooks.com.tw
劃撥帳號 19983379
戶　　名 大雁文化事業股份有限公司
出版日期 2025 年 8 月 再版
定　　價 499 元
ISBN 978-626-7752-13-5
有著作權・翻印必究

THE NARCISSIST YOU KNOW: DEFENDING YOURSELF AGAINST EXTREME NARCISSISTS IN AN ALL-ABOUT-ME AGE by JOSEPH BURGO, PH.D.
Copyright © 2015 by JOSEPH BURGO
This edition arranged with The Marsh Agency Ltd & Gillian MacKenzie Agency LLC
through BIG APPLE AGENCY, INC., LABUAN, MALAYSIA.
Traditional Chinese edition copyright: 2022 as if Publishing, A Division of AND Publishing Ltd.
All rights reserved.

國家圖書館出版品預行編目資料

你所不知道的自戀狂：認識你身邊的極端自戀者，保護自己不再受傷／約瑟夫．布爾戈博士（JOSEPH BURGO, PH.D.）著；蔡文英譯．– 再版．– 新北市：如果出版，大雁出版基地發行，2025. 8
面；公分
譯自：The Narcissist You Know: Defending Yourself Against Extreme Narcissists in an All-About-Me Age

ISBN 978-626-7752-13-5（平裝）

1. 自戀 2. 人格心理學

173.741　　　　114009205

如果